mare

EUROPÄIS
Drangajökull
Ísafjörður
Súðavík
Krossnes
Skagafjörður
Djúpavík
Westfjorde
Drangsnes
Sauðárkrókur
Blönduós
Reykhólar
Vatnsfjörður
Blandá
Stykkishólmur
Grundarfjörður
Snæfellsjökull
Snæfellsnes
Arnarstapi
Reykholt
Lang-Jökull
Borgarnes
Hvalfjörður
Þingvellir
Geysir
Gullfoss
Þingvalla-See
Reykjavík
Keflavík
Hafnarfjörður
Hvítá
Hekla
Grindavík
Hvolsvöllur
Fljótshlíð
Þórsmörk
Skóga
Vestmannaeyjar
0
20
40
60 km

ES NORDMEER
Grímsey
Kópasker
Skálar
Húsavík
Dettifoss
Jökulsá n Fjöllum
Akureyri
Goðafoss
Mývatn
Aldeyarfoss
Skjálfanda
Borgarfjörður eystri
Jökulsá á Brú
Egilsstaðir
Seyðisfjörður
Hallormstaður
LAND
Breiðdalsvík
Snæfell
Djúpivogur
Vatnajökull
Höfn
Laki
Kirkjubæjarklaustur
Langholt
ATLANTISCHER OZEAN

Karl Wetzig

Mein Island

mare

Die Deutsche Nationalbibliothek verzeichnet
diese Publikation in der Deutschen Nationalbibliografie;
detaillierte bibliografische Daten sind
im Internet unter http://dnb.ddb.de abrufbar.

1. Auflage 2017

Karte Peter Palm
Typografie Farnschläder & Mahlstedt, Hamburg
Schrift Quadraat Pro
Druck und Bindung CPI books GmbH, Germany
ISBN 978-3-86648-261-6

FSC
www.fsc.org
MIX
Papier aus verantwortungsvollen Quellen
FSC® C083411

www.mare.de

Für Salka und Katharina (Island),
Aleksandra (Australien, Neuseeland,
Indien plus ultra)
und den kleinen Miron

Inhalt

»Die Zeit gibt die Bilder,
ich spreche nur die Worte dazu.«

Stefan Zweig, Die Welt von gestern

»Der Ort gibt die Erzählung,
nicht umgekehrt.«

Peter Handke, Am Felsfenster morgens

»As you see, no crisis,
no continuity.«

W. H. Auden, Letters from Iceland

Sie beginnt an einem unvermuteten Ende

Die Küste ist flach, eine sich weit ins Land erstreckende Schwemmebene, noch stellenweise von Sand bedeckt: Eine gewaltige Flutwelle hat allein hier vor zwölf Jahren zehntausend Menschenleben mit sich ins Meer gerissen. Heute plätschern die Wellen sanft murmelnd an den Strand, dehnt sich der große Ozean wie unschuldig in glasklarem Blaugrün unter einem gleißenden Himmel. Im Brackwasser von Flussmündungen wachsen Mangroven, an Land wiegen sich vereinzelte hohe Kokospalmen in der warmen Seebrise. Viele gute Geschichten über Island beginnen oder enden weit von der Insel am Polarkreis entfernt: Der Wikinger und Poet Egill Skallagrímsson plünderte im Baltikum, Sagahelden wie Bolli Þorleiksson kämpften in der Leibgarde des oströmischen Kaisers in Byzanz, der Isländer Snorri Þorfinnsson kam als erster Europäer in Nordamerika zur Welt, um das Jahr 1005.

Meine isländische Geschichte beginnt in Indien. Vor einer Gartenmauer hat jemand einen Baum der Reisenden gepflanzt. Die östliche Hälfte seiner symmetrisch angeordneten Blätter winkt hinaus aufs Meer, als wolle der Baum vorbeifahrende Seeleute einladen, an Land zu kommen. Direkt am Ufer erhebt sich eine imposante Festungsanlage. Ihre Formen und Farben von rötlichem Saharagelb lassen an die Lehmburgen im marokkanischen Wadi Draa denken. Eine Filmkulisse? Keineswegs, vielmehr eine vierhundert Jahre alte Feste mit dem ganz und gar nicht indischen Namen *Dansborg*. Ein nordafrikanisch angehauchtes dänisches Fort an der Südostküste Indiens.

Kurioser noch: Wir wüssten kaum etwas über die ersten Jahre von Dänischburg in Indien, wenn dort nicht zu Beginn des 17. Jahrhunderts ein erzähl- und schreibfreudiger Matrose und Kanonier gelandet wäre.

»Vjer komum fyrir kastalann Dansborg, lægðum segl og atkerum hleyptum nærri hálfri viku sjóar frá landi, ljetum vora flaug fljúga á stórtopp, skutum þremur stykkjum og ljetum í trómet blása.«

(Wir kamen vor der Feste Dansborg an, holten die Segel ein und ließen etwa eine halbe Meile vom Land die Anker gehen, hissten am Großmasttop die Fahne, feuerten drei Kanonen ab und ließen die Trompete blasen.)

Ein einfacher Soldat und Matrose im Zeitalter des Dreißigjährigen Krieges, der lesen und schreiben konnte, das wäre an sich schon bemerkenswert. Noch überraschender aber ist die fremde, jedenfalls nicht dänische Sprache, in der er seine Erinnerungen verfasste.

»In meinem siebten Lebensjahr wurde ich ans Buch gesetzt.« »Jemanden ans Buch setzen« ist ein im Isländischen üblicher Ausdruck dafür, jemandem Lesen und Schreiben beizubringen. In Island waren diese Fertigkeiten nie ein Monopol des Klerus oder sogenannter gebildeter Stände, sondern nach allem, was man heute weiß, selbst auf abgeschiedensten Bauernhöfen verbreitet. Nach Durchsetzung der Reformation wurden allabendliche Lesungen aus der Bibel sogar vorgeschrieben, und der letzte katholische Bischof des Landes hat schon um 1530 eine Druckerpresse auf die Insel schaffen lassen, gut hundert Jahre bevor die erste ihrer Art in Oslo installiert wurde.

Gedruckte Bücher blieben über lange Zeit hinweg rar und teuer, doch die Isländer, bei denen es üblich geworden war, sich an den langen Abenden zur Handarbeit aus den altüberlieferten Texten, ihren Sagas, vorzulesen, wussten sich zu helfen: Sie schrieben die Geschichten wieder und wieder von Hand ab. Bis ins 19. Jahrhundert hinein, als gedruckte Bücher längst erschwinglicher geworden waren. In der Isländischen Nationalbibliothek lagern heute mehr als zwölftausend Sagahandschriften aus der Neuzeit.

Als die Lesefähigkeit der Isländer infolge des zunehmend härter werdenden Kampfs ums nackte Überleben im 18. Jahrhundert nachließ und eine rund ums Land reisende Kommission aus Klerikern und Schulleuten zu dem Ergebnis kam, dass nur noch weniger als die Hälfte des Volks lesen konnte, wurde 1746 sogleich eine »Verordnung für die häusliche Zucht auf Island« erlassen, in der tägliches Vorlesen aus Bibel oder anderen geistlichen Schriften und Unterrichtung der Kinder ab dem sechsten Lebensjahr auf jedem Bauernhof angeordnet wurden. Eine Generation später notierten es die Gemeindepfarrer als Ausnahme, wenn eines ihrer Schäfchen nicht lesen konnte. Durch alle dunklen Jahrhunderte lag die Alphabetisierungsrate in Island auch ohne feste Schulen immer deutlich über der im restlichen Europa.

Damit ist die Katze also längst aus dem Sack: Der dreißigjährige Seemann, der im Jahr 1623 an Bord der *Christianshavn* vor Dansborg an der tropischen Koromandelküste ankerte, war ein Isländer, der erste, der Indien besucht hat.

Jón Ólafsson wurde 1593 auf dem Hof Svarthamar nicht weit von dem heutigen Fischerörtchen Súðavík in den isländischen Westfjorden geboren. Der Name des Hofs ist sprechend: Das Wort Hamar bezeichnet eine Bergwand mit Steilabstürzen. Schwarz sind sie, weil im Winter wegen ihrer Steilheit kein Schnee auf ihnen liegen bleibt. Súðavík, am Fuß solcher Berge gelegen, wurde und wird immer wieder von plötzlich zu Tal rauschenden Schneemassen niedergewalzt. Zuletzt hat 1995 eine Lawine mehr als zwanzig seiner siebzig Häuser zerstört. Vierzehn Menschen starben.

Die Lawine wurde von einem Orkan ausgelöst, den ich in Reykjavík miterlebte. Der Sturm kam so plötzlich, dass ich erst Anstalten machte, meine Tochter mit dem Auto von der Schule abzuholen, als eine heftige Bö der alten Eberesche vor dem Haus kreischend den ersten Ast abdrehte. Salka war damals acht Jahre alt, und ich fand sie auf halbem Weg an einen Laternenmast geklammert. Sie traute sich nicht mehr von ihm weg, nachdem der Wind sie auf Glatteis zweimal umgeweht hatte.

Derselbe Sturm machte die Straßenverbindung in die Westfjorde mit zwanzig Meter hohen Schneeverwehungen unpassierbar, auf der gesamten Halbinsel fielen der Strom und damit auch die Heizungen aus. Schiffe mit Hilfsmannschaften und Bergungsmaterial schafften es zwei Tage lang nicht, gegen den Sturm das Nordwestkap von Horn zu umrunden. Für die Isländer war das Unglück eine Katastrophe von nationaler Tragweite, an der alle Anteil nahmen.

Auf dem Hof, auf dem Jón Ólafsson im Alter von fünfundachtzig Jahren sein Leben beendete, ist heute ein kleines Museum und Forschungszentrum für den Polarfuchs eingerichtet, das einzige Landsäugetier, das vor dem Menschen auf Island Fuß fasste. Welch ein Erfahrungshorizont für einen einfachen isländischen Bauernsohn des 17. Jahrhunderts: Zwischen Schneemassen und Tundra lebenden Eisfüchsen geboren, halb um die Welt bis ins tropisch heiße Indien mit seinen überbordenden Hindutempeln und wieder zurück gesegelt. Einen Maharadschapalast aus Marmor mit Hunderten graziler, dunkelhäutiger und goldgeschmückter Inderinnen besucht und sein Leben doch in einem dunklen, verräucherten Bauernhaus aus Grasplacken am nördlichen Polarkreis beschlossen.

Seinetwegen stehe ich hier vor dem gerade frisch verputzten Dansborg im Bundesstaat Tamil Nadu. Wenn schon in Südindien, dann wollte ich auch gern den Ort persönlich in Augenschein nehmen, an dem einst ein Isländer in schweren Pluderhosen aus heimgewebtem Wolltuch zum ersten Mal seinen Fuß auf sonnendurchglühten indischen Boden gesetzt hat.

Seine Lebensgeschichte ist ein isländisches Seitenstück zu Grimmelshausens Simplicius Simplicissimus, doch im Unterschied zu dessen Biografie ist die seine keine literarische Fiktion.

Jón stammte aus nicht ganz armen Verhältnissen, sein Vater und Großvater waren »namhafte, wenn auch nicht reiche« Bauern, wie er in seiner Lebensgeschichte festhielt. In der Familie seiner Mutter gab es mehrere Pastoren. In Pfarrersfamilien wurde ganz besonders darauf geachtet, die Kinder »an die Bücher zu setzen«, und meist fiel diese Aufgabe den Müttern zu. Nebenher musste Jón schon als kleiner Junge auf dem Hof mit anpacken, erst recht, als sein Vater starb und sein dreizehn Jahre älterer Bruder Halldór den Hof übernahm. Als Jón acht Jahre alt wurde, war er schon drei Mal beim Durchqueren gefährlicher und eiskalter Flüsse fast ertrunken. Ein aussichtsreiches Omen für einen späteren Seemann.

1615, Jón lebte als inzwischen erwachsener Knecht ohne Aussicht auf eine Heirat und einen eigenen Hof bei seiner Mutter und der Familie des Bruders, verschlug es ein ziemlich mitgenommenes Schiff aus England in das weitverzweigte Fjordsystem des Ísafjarðardjúps. Es war in einem Sturm bei den Westmännerinseln beinah leckgeschlagen.

Das Aufkreuzen englischer Schiffe in den isländischen Westfjorden war damals nicht ungewöhnlich. Im Gegenteil, wenn es eine Gegend auf der Insel gab, die häufigen und zahlreichen Besuch aus dem Ausland erhielt, dann waren es ausgerechnet die heute so einsamen und entvölkerten Fjorde der Nordwesthalbinsel. Denn damals zogen alljährlich unermesslich große Schwärme von Hering und Kabeljau an ihnen entlang, und ihnen folgten Ende Februar, Anfang März, also im tiefsten Winter, ganze Flotten offener englischer Fischerboote und auch Frachtschiffe der Hanse, um getrockneten Stockfisch, die beliebteste Fastenspeise und billiges Nahrungsmittel für die Massen der Armen Europas, aufzukaufen.

»Of Yseland to wryte is lytill nede / Save of stokfische«, hob das *Libelle of Englyshe Polycye* schon 1436 hervor. Hundert Jahre später fischten jährlich bis zu 150 englische Dogger in isländischen Gewässern. Während der Monate, die sie sich dort aufhielten, mussten sie sich verproviantieren und boten damit isländischen Bauern die Möglichkeit, mehr Fleisch, Milch- und andere Produkte zu verkaufen, als sie sonst auf ihrer dünn besiedelten Insel der landwirtschaftlichen Selbstversorger jemals hätten absetzen können. Einige Großbauern gerade in den Westfjorden konnten einen Reichtum anhäufen, wie er in späterer Zeit erst wieder durch kriminelle Unternehmer und Banker in den Jahren vor 2008 betrügerisch zusammengerafft wurde. Nie trugen mehr Isländer den Beinamen »inn ríki«, der Reiche, als im 15. Jahrhundert.

Einer von ihnen, Björn Einarsson ríki aus dem Vatnsfjörður, konnte sich von seinen Überschüssen ein Landgut in Norwegen kaufen und dort 1402 in Sicherheit das Abflauen der ersten Pestepidemie in Island abwarten, während geschätzt ein Drittel der weniger wohlhabenden Bevölkerung elend an der Seuche krepierte. 1405 begab sich Björn mit seiner Frau auf eine mehrjährige Pilgerreise, die ihn nach Rom und Venedig und von dort bis nach Jerusalem und auf dem Rückweg auch noch nach Santiago de Compostela führte, ehe er gemütlich durch Frankreich und England nach Norwegen und von dort 1411 nach Island heimkehrte. Dies auch als Anmerkung zur vermeintlichen Abgeschiedenheit und völligen Isolation Islands in jenen Jahrhunderten.

Der Knecht Jón Ólafsson lebte fast zweihundert Jahre später »gleich um die Ecke« zum nächsten Fjord und von derartigem Reichtum doch Welten entfernt. Für ihn stellte das ramponierte englische Schiff, das im Fjord vor Anker lag und notdürftig zurechtgezimmert wurde, die einmalige, unwiderstehliche Verlockung dar, sein mühsalbeladenes, perspektivloses Leben verlassen zu können. »Da ich und meine Begleiter täglich nahe an diesem Schiff vorbeifuhren, entschlossen wir uns eines Tages, zu ihm hinzurudern«, schrieb er später in seinen Lebenserinnerungen, »und ich muss die Geschichte nicht in die Länge ziehen: Ohne Wissen meiner lieben Mutter heuerte ich an.«

Über Harwich kam er nach London, wo ihn nach seiner Aussage etliche Herrschaften in Dienst nehmen wollten, ihm aber gefiel es dort nicht, und als nach einem überstandenen englischen Winter ein dänisches Schiff in die Themse einlief, begab sich Jón an Bord und fuhr mit nach Kopenhagen. Nach einem wohl eher kärglichen Jahr als Knecht in den königlichen Stallungen ließ er sich von der Armee anwerben. Wegen seiner seemännischen Erfahrung wurde er gleich auf ein Schiff der Kriegsmarine abkommandiert, das zur Schmuggler- und Piratenbekämpfung die lange norwegische Küste bis hinauf nach Vardö an der Barentssee patrouillierte. (Dänemark und Norwegen bildeten seit 1380 ein vereinigtes Königreich, zu dem als Außenbesitzungen auch die Inseln im Nordatlantik, unter ihnen Island, gehörten.) Darauf folgten für Jón ein paar Jahre Garnisonsdienst in Kopenhagen und Helsingør, die er anscheinend ziemlich langweilig fand; von den dramatischen Ereignissen, die sein Zeitgenosse Shakespeare im dortigen Schloss spielen ließ, dürfte er kaum gewusst haben. Als er in Kopenhagen hörte, es solle eine Expedition zu einer neu gegründeten Kolonie in Indien ausgerüstet werden, horchte er auf: »Da wir noch einmal fünf Jahre zu dienen hatten, ehe wir unseren Abschied nehmen konnten, gefiel mir ebenso wie einigen meiner Kameraden der Gedanke, uns im Vertrauen auf Gottes Barmherzigkeit ein zweites Mal zu dieser Reise zu melden, da es mir nicht geglückt war, für die erste Reise nach Ostindien angenommen zu werden.«

Am 8. Oktober 1622 legte die *Christianshavn* in Kopenhagen ab und erreichte im folgenden März Tranquebar, zur gleichen Jahreszeit wie wir. Ich kann mir also lebhaft vorstellen, wie Jón und seine Kameraden schwitzend unter der glühend heißen Sonne des beginnenden südindischen Sommers auf den Mauern der Festung Wache schoben, die noch ebenso unversehrt waren wie nach der Renovierung bei unserem Besuch. Nur elf Breitengrade vom Äquator entfernt sengt die Sonne in der Trockenzeit gnadenlos fast senkrecht vom Himmel, sodass sich die Soldaten in ihrer Freizeit sicher am liebsten in die Schatten spendenden Kasematten zurückzogen. Doch sobald er sich leichtere Kleidung aus indischer Baumwolle zugelegt hatte, ließ sich der Isländer nicht mehr sonderlich von der tropischen Affenhitze beeinträchtigen; vielmehr erkundete er mit offenen Augen seine Umgebung und prägte sich vieles so genau ein, dass er noch Jahrzehnte später, als alter Mann zurück in Island, in seinen Memoiren etwa eine Presse zur Gewinnung von Palmöl so detailliert beschrieb, dass man sie nach dieser Anleitung nachbauen könnte. Verständlicherweise hatten es ihm die Palmen überhaupt sehr angetan. Nicht nur, weil sie so »hübsch und ordentlich angepflanzt« wurden, sondern auch, weil ihre breiten, sich im

Wind wiegenden Wedel zum Decken von Dächern taugten und anstelle von Tellern zum Servieren von Speisen dienten, ihre Kokosnüsse erfrischend und nahrhaft waren. »Mit dem Öl dieser Nüsse reiben sich die Inder täglich ein, wer es sich leisten kann, auch zweimal am Tag, zum Zweiten benutzen sie es zum Leuchten und füllen damit ihre Lampen, und zum Dritten braten sie darin Fisch und Fleisch. – Von diesem einen Baum können die Inder essen, trinken, sich kleiden, Angelgerät und Schiffstaue und andere Seile herstellen.« Nicht zu vergessen, dass sie daraus Palmwein herstellten. Einen solchen Wunderbaum konnte man sich im kalten, kahlen Island nicht einmal erträumen.

Die Pracht, die am Hof des indischen Königs herrschte, ebenso wenig, wo selbst die Spucknäpfe für den Betelsaft aus Gold waren. »Außerdem muss von diesem König noch erwähnt werden, dass er bei unserem ersten Besuch neben seiner Königin neunhundert weitere Frauen hatte, von denen er später dreihundert seinem Sohn abtrat, während er sechshundert für sein eigenes Sündenregister behielt.«

Ein ebenso großes Wunder wie der Reichtum und der unglaubliche Harem des indischen Königs war es, dass man Jón dem Indienfahrer überhaupt etwas von seinem Seemannsgarn glaubte, als er nach anderthalb Jahren Aufenthalt an der Koromandelküste, einer acht Monate dauernden Rückreise und weiteren Verzögerungen in Dänemark im Sommer 1626 nach insgesamt elfjähriger Abwesenheit auf seine Heimatinsel zurückkehrte. Sein Zustand ließ auch keineswegs vermuten, dass er aus einem Land voller Gold und Edelsteine kam, denn außer einem halbherzigen königlichen Empfehlungsschreiben für einen invaliden Veteranen brachte er kaum etwas mit. In dem königlichen Diplom wurden die örtlichen Behörden ersucht, dem »Jón Olufssen Islender« für seine Dienste und wegen der Verstümmelungen, die er in deren Ausübung erlitten hatte, bei Gelegenheit ein Stückchen Land zu verpachten.

Was war passiert? Man hört Jón noch in seinen Erinnerungen auf die alte Kanone schimpfen, der er von Anfang an nicht über den Weg getraut hatte: »Ich hegte einen heftigen Widerwillen gegen diese alten Geschütze.« Nur weil ihn seine Kameraden zur Heimreise überredet hatten, war er überhaupt an Bord der *Perle* gegangen, die mit reicher Fracht und einem Teil der Soldaten im September 1624 nach Kopenhagen zurücksegeln sollte. Beim Salutschießen zum Abschied verblieb noch ein Rest Schießpulver in einer der alten Kanonen, es entzündete sich beim Nachladen und schleuderte Jón mit einer gewaltigen Stichflamme über Bord. Man fischte ihn taub, aus den Ohren blutend und mit schweren Verbrennungen an Brust und Armen aus dem Wasser, und der Feldscher an Bord musste ihm nicht nur an die dreihundert Eisen- und Holzsplitter aus dem Leib ziehen, sondern auch mehrere Finger amputieren. Für die schwere Arbeit auf einem isländischen Bauernhof war der inzwischen dreiunddreißigjährige Veteran nicht mehr zu gebrauchen, und so schickte man ihn anfangs von einem Hof zum nächsten weiter.

Immerhin hatte er von seiner Indienreise so viel Erspartes mit nach Hause gebracht, dass er im nächsten Jahr eine Frau fand, heiraten und einen Hof in den Westfjorden beziehen konnte. Lange währte sein Glück nicht. Nach zwölf Jahren ertrank seine Frau, und auch ihr gemeinsamer Sohn starb. 1644 heiratete Jón ein zweites Mal, und zehn Jahre später erhielt dieser nicht unterzukriegende Mann endlich den von der Krone in Aussicht gestellten Hof; es war der Hof seiner

Kindheit nahe Súðavík. Dort lebte er noch einmal fünfundzwanzig Jahre ein nicht weiter auffälliges Leben als Bauer und schrieb in den Mußestunden an seinen außergewöhnlichen Memoiren: »Lebensgeschichte Jón Ólafssons des Indienfahrers, von ihm selbst auf Veranlassung frommer Menschen verfasst, soweit er sich ihrer in seinem Alter 1661 zu erinnern vermag«. 1661, da lagen seine Erlebnisse in Indien fast vierzig Jahre zurück, doch in seiner Erinnerung standen sie höchst bunt, frisch und lebendig vor ihm. Am 2. Mai 1679 starb Jón Ólafsson Indíafari im Alter von 85 Jahren auf seinem Hof. Das Gedächtnis an ihn lebt in Island bis heute. Ebenso in Indien, zumindest in Tharangambadi, dem ehemaligen Tranquebar. In dem kleinen Museum in der Festung Dansborg werden auf Schautafeln mehrere Auszüge aus seinen Memoiren zitiert.

Ich stehe auf der Terrasse vor dem Museum und schaue über die Festungsmauer hinaus auf den Indischen Ozean, über den dieser bemerkenswerte Isländer gekommen ist. »Von der Festung Dansborg schickte ich meinen Brief, den ich meinem Bruder Halldór Ólafsson hierher nach Island schrieb, und es ist niemandem bekannt, dass jemals zuvor Post von Indien nach Island geschickt worden wäre.«

Die weite Reise und die Lebensgeschichte des Jón Ólafsson waren eine aufsehenerregende Seltenheit für einen Isländer seiner Zeit, und doch wären sie heute längst vergessen, wenn ihn nicht »ehrbare Leute« gedrängt hätten, sie aufzuschreiben. Wer schreibt, der bleibt, hat sich schließlich auch Amerigo Vespucci mit Recht gedacht, und ebenso Marco Polo, als er in einem genuesischen Kerker dem Romanautor Rustichello aus Pisa die Geschichte seiner Chinareise diktierte. Für die Isländer war und ist die Geschichte Jón Ólafssons eine ähnlich kuriose Rarität, und doch betrachten ihn viele auch mit ein wenig Stolz als einen »typischen Isländer«. Das tat auch ein Namensvetter Jóns, dem ich ebenfalls weit entfernt von seiner isländischen Heimat, nämlich am südlichsten Zipfel Neuseelands, begegnet bin. Ich saß bei angenehm mildem Sommerwetter unter dem Denkmal von Robert Burns in einem Straßencafé in Dunedin, und mein T-Shirt trug zufällig einen isländischen Aufdruck. Ein Lieferant kam von seinem Lieferwagen auf das Café zu und sprach mich halb im Vorübergehen auf Isländisch an: »Bist du wirklich einer?«

Ich musste verneinen, doch *er* war wirklich einer, ein Isländer, den es vor zwanzig Jahren um die halbe Welt verschlagen hatte und der in Neuseeland geblieben war, bei seinen Antipoden, wie ich anmerkte.

»Ach, so sehr anders sind die Kiwis gar nicht«, sagte er. »Gefällt mir ganz gut hier, nette Leute, ein bisschen crazy, fast wie wir Isländer. Komme gut mit ihnen aus. Wenn du mich fragst, sind die wahren Antipoden der Isländer gar nicht die Kiwis, sondern die Inder. Die sind auch verrückt, aber anders.«

Damals war ich noch nicht in Indien gewesen und konnte nichts dazu sagen; heute, nach vier Monaten in Bangalore, würde ich es voll und ganz unterschreiben. Die Geschichte von Jón Indíafari war mir allerdings auch damals schon zu Ohren gekommen, und daher fragte ich meinen Zufallsbekannten, nachdem ich ihn zu einem Bier eingeladen hatte, ob er je von dem ersten Isländer in Indien gehört habe.

»Ich komme aus Ísafjörður, Mann«, rief er. »Súðavík liegt gleich im Nachbarfjord. Jón und ich könnten gut miteinander verwandt sein. Ich war zu jung, als ich aus Island wegging, um dem schon nachgeforscht zu haben, aber es wäre gut möglich.«

Nach ein paar Gläsern Speight's hatten wir uns auf einen Katalog von Eigenschaften des Indienfahrers verständigt, die John Olafsen Icelander für typisch isländisch hielt. In erster Linie zählte er dazu die Bereitschaft, aus der angestammten Heimat aufzubrechen und die Welt kennenzulernen, wenn es zu Hause aus dem einen oder anderen Grund zu eng wird. »Ohne diese Bereitschaft wäre Island im Mittelalter gar nicht entdeckt worden.«

»Dann ist die Reiselust also ursprünglich eine norwegische Eigenschaft«, wandte ich ein.

»Ursprünglich ja«, gab er zu, »aber es sind damals eben alle unternehmungslustigen Norweger nach Island ausgewandert. Die, die unterwegs seekrank wurden, stiegen auf den Färöern aus. Und in Norwegen sind nur noch die Trantüten zurückgeblieben, die seitdem ihren Hintern nicht mehr aus ihren engen Fjorden rausgeschoben haben.«

»Nansen«, sagte ich. »Thor Heyerdahl, Roald Amundsen. Der war am Nord- und am Südpol. Weiter kann man seinen Hintern kaum aus einem Fjord schieben. Ist er auf der Rückreise vom Südpol nicht hier vorbeigekommen?«

»Das war Tasmanien«, knurrte Jón. »Aber Amerika haben wir entdeckt. Fünfhundert Jahre vor diesem Italiener.«

»Ihr wart nur leider ein wenig vergesslich«, sagte ich, »und konntet irgendwann den Weg dorthin nicht mehr finden.«

»Vergesslich!«, begehrte er auf. »Wenn irgendein Volk ein langes Gedächtnis hat, dann sind das wir Isländer. Wir haben uns alles gemerkt und überliefert, praktisch vom ersten Tag der Besiedlung an. Wir wissen noch genau, wo Ingólfur

Arnason seine Hochsitzpfeiler über Bord geworfen hat, als er im Sommer 874 nach Island kam. Wo sie nach dem Willen der Götter antrieben und wo er sie noch mal ins Meer zurückgeschubst hat, weil ihm der Ort nicht gefiel. Von Generation zu Generation haben wir das und vieles andere überliefert, und zwei Jahrhunderte später, als unsere Gelehrten die lateinische Schrift kannten, haben sie angefangen, alles so getreulich aufzuschreiben, dass Könige im ganzen Norden immer Isländer als Chronisten riefen, wenn sie ihre Geschichte aufgeschrieben haben wollten. Natürlich haben wir den Weg nach Amerika nie vergessen, wir hatten bloß irgendwann kein Holz mehr auf der Insel, um noch hochseetaugliche Schiffe zu bauen. Aber als im 19. Jahrhundert wieder größere Schiffe nach Island kamen, ist fast ein Viertel unserer Gesamtbevölkerung nach Amerika ausgewandert. Die meisten zogen quer durch Kanada bis nach Manitoba, und weißt du, wie sie ihre erste Siedlung da nannten? – Gimli.«

»Gimli, das ist doch die goldgedeckte Halle in der Edda, in der nach der Götterdämmerung die neuen Menschen leben werden. Ein verheißungsvoller Name.«

»Und wo wurde die Edda geschrieben? In Island natürlich. Parallel zu den Sagas.«

»Womit wir wohl endlich bei den Sagas wären«, seufzte ich. »Habe schon drauf gewartet. Wollten wir nicht eigentlich über das Typische an Jón Ólafsson reden?«

»Das gehört doch zusammen.«

»Was jetzt, Jón Ólafsson und die Isländersagas?«

»Klar.«

Aus jedem meiner Augen schaute ein Fragezeichen.

»Ist dir nie aufgefallen, dass Jón Ólafsson Grettir Ásmundsson ähnelt?«

»Du meinst, er hatte rote Haare, Sommersprossen und Oberarme wie der Hulk?«

»Nein, ich meine charakterlich.«

»Och, nein«, sagte ich, »bitte nicht Grettir der Starke als Nationalheld. Ich dachte, das wäre Gunnar von Hlíðarendi, euer Siegfried aus der *Njáls saga*. Noch dazu, wo er so patriotisch verbohrt war, dass er lieber in den sicheren Tod ging, als seine geliebte Scholle zu verlassen. ›So schön habe ich diesen Hang noch nie gesehen, helle Felder und gemähte Wiesen. Ich werde nirgends hinfahren‹«, deklamierte ich.

Jón sah mich aus zusammengekniffenen Augen an. »Mit dir kann man ein Gespräch führen, Mann.« Er bestellte eine neue Runde. »Aber Gunnar kommt als Nationalheld gerade deshalb nicht infrage, weil er Island nie verlassen wollte. Das sieht uns überhaupt nicht ähnlich. Dir ist sicher bekannt, dass unser isländisches Wort für dumm, *heimskur*, von dem Wort *heima*, zu Hause, abgeleitet ist. Als *heimskingi*, als ausgemachter Dummkopf, gilt in Island, wer sein Zuhause nie verlässt. Jemand, der nicht dumm bleiben will, so glauben wir, muss in die Welt hinaus. Nimm nur mich«, grinste Jón und trank einen Schluck, »und glaub nicht, ich sei der einzige Isländer in Neuseeland. Oder in Indien. Wir Isländer sind wenige, aber wir sind überall. Wie Grettir. Der war einige Male in Norwegen. Und vergiss nicht, wo er von seinem Bruder gerächt worden ist. In Konstantinopel.«

»Ja, gut, aber die *Grettis saga* habe ich trotzdem nie gemocht, die war mir immer zu grobianisch. Da trägt dieser Grettir einen ausgewachsenen Ochsen durch einen Fluss, bespaßt die Leute als Zirkusringer, erschlägt zehn Angreifer nacheinander, kämpft mit untoten Wiedergängern, Riesen und Trollweibern und ist ein angeberischer Sprücheklopfer ohne Ende. Und genauso grobschlächtig ist die Psychologie darin, die es einem nicht oft genug unter die Nase reiben kann, dass diese arme Socke von Held unbesiegbar wäre, wenn er nicht so ein geborener Unglücksmensch wäre. Und was die Reiselust angeht, so ist, glaube ich, Egill Skallagrímsson viel weiter herumgekommen als Grettir. Außerdem war Egill im Gegensatz zu ihm auch noch ein ausgezeichneter Dichter.«

»Bravo«, sagte Jón und griente spöttisch. »Aber du musst zugeben, dass dieser düstere, verschlossene und obendrein noch unausstehlich hässliche Egill nicht zum Volkshelden taugt.«

»Aber Grettir war in seiner Jugend faul, gefräßig und tyrannisierte seine Umgebung. Und später haben ihn seine Zeitgenossen für seine Verbrechen ausgestoßen und geächtet bis an sein trauriges Ende, das im Übrigen nicht gerade grandios war: Blutvergiftung, Wundbrand, ein langes, elendes Krepieren. Ein Geächteter als nationales Idol?«

»Ja, gerade ein Geächteter, ein Ausgestoßener!«, rief Jón. »Als was hätten sich die Isländer denn in den sechshundert Jahren nach dem Verlust der Unabhängigkeit auf ihrem von der Welt vergessenen dänischen Außenposten sonst fühlen sollen, wenn nicht als Underdogs? Grettir war im Gegensatz zu Gunnar ein Underdog, wie unser Jón Indienfahrer auch, aber er hat sich sein Leben lang behauptet, wie Jón. Er war schlau bis zur Verschlagenheit, zäh, stark, unermüdlich und unerschrocken, wenn man von seiner Angst vor der Dunkelheit absieht. Und er hat selten seinen Humor verloren. Er hat uns gezeigt, wie man als geborener Unglücksmensch auf einer isolierten Insel überlebt. ›Du bist Grettir, mein Volk‹ – so fängt ein Gedicht von Matthías Jochumsson an.«

Nun war es an mir, ihn aus schmalen Augen anzusehen. »Sag mal, was bist du eigentlich von Beruf?«

Er lachte. »Ach, ich habe ein kleines Geschäft, wie so viele hier. Neuseeland liegt doch auf dem Pazifischen Feuerring, der südlichen Waberlohe, wie ich ihn nenne. Und ich komme von einer Feuerinsel hoch im Norden, wo man schon Vulkanausbrüche mit Wasser gelöscht hat. Das macht sich als Verkaufsargument immer gut. Ich handele mit Feuerlöschern.«

In einer Isländersaga könnte diese anregende und im Lauf des Gesprächs ziemlich angefeuchtete Begegnung jetzt gattungstypisch mit dem Satz enden: Damit gingen sie auseinander, und der Neuseeländer kommt in dieser Geschichte nicht mehr vor.

Doch der andere weit gereiste Jón, der Indienfahrer, blieb mir als ein möglicher Prototyp für isländische Tugenden noch so lange im Gedächtnis, bis ich selbst die Gelegenheit erhielt, nach Indien zu reisen.

Landungen: *strandhögg*

Inseln muss man sich über Wasser nähern. Seit die Menschen Maschinen bauen, die sie abheben und fliegen lassen, ist diese Binsenweisheit zum Minderheitenvotum geworden, für das man im Allgemeinen höhere Preise zahlt. Es kann einen aber auch einmal einiges kosten, nicht das Schiff zu nehmen.

Eine deutsch-isländische Schauspielertruppe hatte meine Frau und mich eingeladen, sie für ein Kindertheaterprojekt vom isländischen Festland aus nach Grímsey zu begleiten, und wir konnten schon allein unserer Tochter zuliebe unmöglich das Angebot ausschlagen, einmal *Oh wie schön ist Panama* am Polarkreis zu sehen.

Aus Zeitgründen willigten wir ein, zu »Reisenden des fliegenden Schaumgummisitzes« zu werden, wie Wolfgang Kœppen einmal den Flugtouristen gebrandmarkt hat, und bestiegen in Akureyri statt eines Schiffs eine Sondermaschine, die uns zu der kleinen Insel bringen sollte. Grímsey ist Island nördlich vorgelagert und der einzige Landesteil, der über den Polarkreis nach Norden ragt. Die Piper Twin hatte nur sechs Sitze und musste uns, samt Kulissen und Requisiten, in zwei Schichten zur Insel bringen. Langsam zogen uns ihre Propeller in die Höhe. Als sie über eine schneebedeckte Bergkette stieg, breitete sich dahinter der Arktische Ozean aus, darüber scheinbar aus sich selbst leuchtende, dünne Nebelbänke wie wolkiges Japanpapier. Das weiße Licht auf Himmel und Meer so gleichförmig, dass beide wie eine einheitliche Fläche wirkten. Auf dieser Leinwand war dunkel eine flache, von Ost nach West geneigte Scholle gemalt: Grímsey. Dem Festland zugewandt, versammelte sich eine Handvoll kleiner Häuser um ein winziges Hafenbecken, die Landebahn aus Schotter verschwand schon nach der Hälfte unter Moos und Gras. Das einzige Gebäude daneben beherbergte in einem Wellblechanbau die Niederlassung der Fluggesellschaft, der Rest war Wohnhaus, Tower und im Sommer Inselhotel. Die Lobby ein Sperrmülllager mit durchgesessenen Polstermöbeln unter gehäkelten Lehnenschonern. Auf einem Schleiflacksideboard standen von der letzten Weihnachtsfeier übrig gebliebene Keramikengel mit weit aufgerissenen Mündern für Räucherkegel. Den Boden bedeckte eine groß geblümte Augenbeleidigung in Orange und Rostbraun. Siebzigerjahre-Island vom Feinsten. Das Haus gehörte einem alleinstehenden Bauern auf dem Altenteil, der hier drei Viertel des Jahres mutterseelenallein wohnte und nur manchmal zum Einkaufen mit seinem Zetor-Traktor die Rollbahn entlang in den Ort tuckerte. Im Sommer verpachtete er das Haus bis auf eine kleine Schlafkammer an Sigrún und Birgir. Das junge Paar richtete es in dieser Zeit für Vogelbeobachter her, die kamen, um Tordalken, Gryllteisten, Trottellummen und anderen Seevögeln mit ähnlich ulkigen Namen beim Brüten zuzusehen. Birgir holte uns an der Maschine ab und versprach uns zum Abendessen den »besten Fisch der Welt«, Sigrún trug in einem flammend roten Frotteeanzug einen hochgewölbten Bauch vor sich her und erklärte, darauf deutend, deswegen gedächten sie, auch im kommenden Winter einmal auf Grímsey zu bleiben. Sonst verbrächten sie ihre Winter immer auf Hawaii, wo Birgir surfte und Sigrún das Hotelfach lernte.

Während die Schauspieler zum Aufbauen und Proben im Gemeindehaus verschwanden, erkundete ich mit Frau und Tochter die Insel. Hinter der Landepiste stieg das Gelände in sanften, dicht mit Gras bestandenen Wellen an und endete überall an Steilufern mit eingesprengten, kleinen Buchten. Von Nordost nach Südwest liefen Schauer über den Inselrücken, ein kräftiger Septemberwind striegelte das hohe Gras. Im Kessel einer Bucht saugte der Wind Wasserhosen in die Höhe und zerstäubte sie mutwillig. Am Ufer lagen von Stürmen übereinandergeworfene Haufen von Treibholz, meist silbrig ausgebleichte Stämme, die aus Kanada oder unter dem Eis des Nordpols hindurch aus sibirischen Flüssen angetrieben waren. Wir stiegen nach unten. Ein schmaler Strandstreifen aus grobem Geröll, basaltgrau. Dazwischen modernde Polster aus Seetang, von denen beim Näherkommen Wolken schwarzer Fliegen aufstoben. Zwischen Steinen und Stämmen grotesk ausgespannte Skelette von Seevögeln. See und Land, Eruption und Erosion, Leben aus Tod sich nährend; in der kleinen Bucht war der ganze Zyklus unverhüllt beieinander. Kleine Gruppen von Strandläufern pickten im Tang Mollusken, in der Bucht schwamm gurrend eine Gruppe von Eiderenten, Krabbentaucher sollten auf Grímsey ihre südlichste Brutkolonie haben, waren aber sicher mit dem Nachwuchs schon in die Arktis zurückgeflogen. Nach einem kurzen Herumstöbern am Strand – das Kind bestand darauf, Muscheln zu suchen, ich hob ein glatt geschliffenes, silbrig weißes Stück Wurzelholz auf – wandten wir uns wieder der Steilwand zu und sahen, dass ihr oberer Rand von Papageitaucher-Nisthöhlen durchlöchert war. Ganz oben an der Kante war ein massiver Pfahl eingerammt. Daran befestigten die Inseljungen im Frühsommer Seile, um die als Delikatesse geltenden Eier der Seevögel von den schmalen Simsen der Steilwand zu sammeln.

Wieder oben auf dem von der Eiszeit flach gehobelten, baumlosen Inseltisch, stapften wir dem Wind entgegen nach Norden. Durch einen flachen Sattel abgesetzt, weist die Spitze der Insel wie ein Finger ins Eismeer. In der vor dem Wind etwas geschützten Mulde entdeckten wir eine Herde Pferde. Sie wandten uns die Köpfe zu, ihre Neugier trieb sie vorsichtig näher, sie ließen sich streicheln und klopfen. Das Kind war begeistert. Nur der Leithengst blieb allein auf seinem Beobachterposten am oberen Rand des Sattels. Wie ein dunkles Standbild zeichnete er sich vor dem Himmel ab.

Der Clown der Truppe holte als Rattenfänger von Grímsey die Inselkinder aus ihren Häusern und rollte auf einem Einrad über den markierten Polarkreis, die *Panama*-Aufführung kam bei Kindern und Erwachsenen gut an, und anschließend wurde noch ein wenig gefeiert. Als wir aus dem Gemeindehaus traten, war der Wind eingeschlafen, stattdessen hüllte färingischer Nebel die Insel ein. An einen Rückflug mit der auf Sicht fliegenden Piper sei nicht zu denken, solange sich das Wetter nicht bessere, wurde uns freundlich, aber bestimmt mitgeteilt. Manchmal ginge das ganz schnell, manchmal leider auch nicht.

Am nächsten Morgen herrschte noch »leider auch nicht«. Es war Montag, und die meisten von uns mussten ihre Kollegen auf dem Festland anrufen, um mitzuteilen, dass sie nicht zur Arbeit erscheinen könnten. Meist waren die schon im Bilde, in Island verfolgt man den Wetterbericht, es lohnt sich. Einen Nebel wie diesen hatte ich bis dahin nur auf der Anreise nach Island – zu Schiff – auf den Färöern kennengelernt. Auch da war ich bei ganz unverdächtigem Wetter angekommen, doch als ich am nächsten Morgen vor die Tür des Hotels getreten war, hatte ich meine eigenen Füße nicht sehen können. Schon oberhalb der Knie waren meine Beine in einer Waschküche versunken. Drei Stunden später hatte jemand den Wolkensauger angestellt, und der hatte den Nebel im Eiltempo von den Inseln gezogen wie ein weißes Tischtuch von einer grünen Tafel. Leider wollte sich dieses wunderbare Schauspiel auf Grímsey nicht wiederholen. Den ganzen Tag über spähten wir aus dem Fenster in die undurchdringliche Watte, die jedes Geräusch verschluckte. Immer wieder ging jemand von uns vor die Tür, um nachzusehen, ob sich nicht doch irgendwo ein Nebelzipfelchen lüftete, schalteten wir für den Wetterbericht das Radio ein und enttäuscht wieder aus: *Blindþoka*, dichtester Nebel an den Küsten des Nordlands, lautete jedes Mal die Vorhersage. Im Lauf des Tages wurden einige langsam nervös, noch eine Übernachtung, noch ein Fehltag bei der Arbeit ... Vielleicht lag es auch an dem vielen schwarzen Kaffee, von dem man aus Langeweile oder purer Verzweiflung einen Becher nach dem anderen trank. Isländer trinken ohnehin viel Kaffee, nicht weniger als neun Kilo pro Kopf und Jahr. Kaffee sei die schwarze Finsternis, die das ganze Volk täglich in sich hineinschüttet, hat mein isländischer Freund Jón Kalman einmal konstatiert und diese Erkenntnis auf eindrucksvolle Weise in seinem literarischen Werk dokumentiert. In seiner letzten Romantrilogie wird nicht weniger als zweihundertvierzehn Mal Kaffee getrunken.

Am Nachmittag standen die meisten von uns draußen auf dem Platz vor dem Gemeindehaus, traten von einem Fuß auf den anderen, und manche machten den Eindruck, als wollten sie mit vereinten Kräften den Nebel wegpusten.

Zwei Frauen kamen vom Einkaufen im winzigen Inselladen. Beide trugen das Haar kurz, die eine blond, die andere rot gefärbt. »Oje, ihr seid ja immer noch da, natürlich«, sagte die Blonde mitleidig. »Können wir irgendwas für euch tun? Wollt ihr zu uns zum Kaffee kommen?« Einer der deutschen Schauspieler verstand das Wort *kaffi* und verdrehte die Augen.

»So gut wie angenommen, danke«, antwortete der Regisseur der Truppe mit dieser eigentümlichen Floskel des Isländischen, mit der man etwas dankend ablehnt. »Aber wir haben eigentlich Dringenderes zu tun, als hier den ganzen Tag Kaffee zu trinken.«

»Ja, ja, das gesegnete Wetter«, sagte die zweite Frau gelassen und warf einen Blick in den Nebel.

»Ich muss morgen unbedingt in der Stadt sein«, sagte der Regisseur, »unser Clown wollte eigentlich seine Frau zu einer Untersuchung ins Krankenhaus begleiten, und unsere deutschen Kollegen hier haben für übermorgen früh ihren Rückflug nach Deutschland gebucht.«

»Das hört sich nicht gut an«, sagte die Blonde. »Wartet mal einen Moment.« Damit griff sie in ihre Handtasche, kramte ein für heutige Verhältnisse recht klobiges Mobiltelefon hervor und zog dessen Antenne aus.

»Hi, Óli, grüß dich. – Du, sag mal, wo seid ihr gerade? –

Ach, nur die paar Seemeilen, das trifft sich gut. – Ihr wollt weiter raus? Hm. Das ist nicht so gut. – Hör mal, bei uns sitzt eine Gruppe Touristen fest, die muss dringend nach Akureyri zurück. Dichter Nebel hier, weißt du. Sag mal, könntet ihr nicht ...« Sie schaute uns an und nickte. »Gegen zehn heute Abend? Super! Danke dir, Óli. Wir sehen uns dann.«

So wurde mal eben ein Schleppnetztrawler von einer Hausfrau umdirigiert, um eine Gruppe gestrandeter Touristen überzusetzen. Isländische Hilfsbereitschaft, wenn's drauf ankommt: spontan, umstandslos, zupackend.

Kurz vor zweiundzwanzig Uhr flammten ein paar starke Scheinwerfer am Hafen auf und erhellten milchig diffus die Dunkelheit. Unsere Truppe zog mit Taschen und Requisiten, darunter eine hölzerne Tigerente, zur Mole hinab. Keine halbe Stunde später näherten sich vom Meer her die Scheinwerfer der *Hafgolan III EA 128*, und wir gingen samt Tigerente an Bord.

Noch eine halbe Stunde später saßen, hingen, lagen wir im Mannschaftsquartier tief unten im Rumpf und versuchten, möglichst alles bei uns zu behalten. Das Schiff rollte, stampfte und schlingerte um jede erdenkliche und nicht erdenkliche Achse wie ein Rodeostier. Meine Frau, die sich immer als seefest ausgegeben hatte, saß blasser, als nur durch die fahle Neonbeleuchtung zu erklären war, auf der Kante einer Koje und streichelte unserer Tochter die schweißnasse Stirn. Die Kleine litt schrecklich und hatte sich schon einige Male übergeben. Die völlig unvorhersehbaren Sink- und Steig- und Schlingerbewegungen des Schiffs, die abgestandene Luft so tief unter Deck, die überheizte Kajüte, der scharfe Geruch von Erbrochenem ... Nur Salkas erbarmungswürdiger Anblick hielt mich davon ab, es ihr auf der

Stelle gleichzutun. Wenn ein Kind leidet, darf ein Vater nicht schwächeln. Also machte ich mich auf den Weg nach oben, um herauszufinden, ob sich in der Bordapotheke nicht ein Mittel gegen Seekrankheit befand.

Als ich den Knauf der Kabinentür drehte, flog sie mir entgegen, solche Schlagseite hatte das Schiff. Dann richtete es sich plötzlich auf und neigte sich stark zur anderen Seite über. Ich fing mich mit beiden Händen am Türrahmen ab, um nicht hinzufallen. Als ich vorsichtig in den Gang trat, richtete sich die gegenüberliegende Wand schon wieder auf. Ich wandte mich nach rechts, schaffte es im zweiten Anlauf durch ein offen stehendes Schott und erwischte nach einer kleinen Tanzeinlage – seitwärts links, seitwärts rechts und vorwärts, vorwärts, vorwärts, kick – das sich aufbäumende Geländer des Niedergangs. Während ich an das Geländer geklammert eine Stufe nach der anderen erklomm, hatte ich das bestimmte Gefühl, an Höhe zu verlieren. Offenbar fiel das Schiff gerade, Bugnase voran, von einem brechenden Wogenkamm in einen Abgrund. Mein Magen war über diese unangekündigte Fahrstuhlfahrt verstimmt und versuchte sie auszugleichen, indem er mir bis in den Hals stieg. Ich musste mich einen Moment ruhig verhalten, bis EA 128 auf dem Grund des Ozeans angekommen war und in einer engen Kurve die Bergfahrt zur Oberfläche einleitete. Irgendwie erreichte ich schließlich das Zwischendeck, wo sich aber niemand aufzuhalten schien. War die Mannschaft über Bord gegangen oder hatte das sinkende Schiff verlassen? Befanden wir uns auf einem Fliegenden Holländer oder auf der *Yorikke*? Ich vergaß über diese kurz aufkeimende Sorge vorübergehend meine Seekrankheit und stieg so schnell ich konnte den nächsten Niedergang hinauf zum Oberdeck. Den größten Teil der Mannschaft fand ich auf der Brücke versammelt. Einige Männer standen breitbeinig im abgedunkelten Raum verteilt, hielten große Becher oder halb volle Gläser in den Händen und unterhielten sich in sichtlich aufgekratzter Stimmung. Unser Clown war auch dabei. Allem Anschein nach ging es ihnen prächtig. Der Kapitän am großen Panoramafenster wandte mir den Rücken zu und beobachtete die aufgewühlte Windsee voraus, weiß brechende Wellenkämme und stiebende Gischt leuchteten in der Dunkelheit.

»*Nei, sæll og blessaður*«, begrüßte mich einer der Männer und betonte diese alte isländische Grußformel, als wolle er den anderen sagen: Seht mal an, da ist ja eine der Landratten von den Toten auferstanden. Er hielt eine Flasche in der Hand, griff aus einem Regal ein Glas und kam mit beidem auf mich zu. »Hier, nimm erst mal einen Schluck, das beruhigt den Magen«, sagte er. Ich nahm das Glas, er schenkte ein, und ich kippte den Inhalt. »Brrr, was ist das denn?«, fragte ich mit zusammengekniffenen Augen.

»Bevor wir euch aufgesammelt haben, hatten wir draußen eine kurze Begegnung mit einem russischen Fangschiff, und die Jungs haben uns günstig ein paar Kartons polnischen Wodka verkauft. Das müssen wir feiern! Aber pssst, wenn wir an Land kommen.«

»*Skál*«, fielen ein paar Umstehende ein. Der Clown hatte seine Frau und das Krankenhaus für den Augenblick vergessen und erzählte einem anderen Grüppchen einen Witz, den ich nicht verstand, aber die Männer lachten grölend.

»Jetzt macht mal halblang, Jungs.« Der Kapitän drehte sich um und entdeckte mich. Er winkte mich zu sich und zeigte mit einer ausholenden Geste auf das tosende Chaos draußen.

»Möglich, dass dir das etwas wild vorkommt, aber ich mag ein bisschen Seegang, und meine *Hafgolan* liebt so eine Brise. Sieh mal, wie brav sie die Wellen abreitet.« *Hafgola* ist das isländische Wort für eine schwache Seebrise. Auf Anweisung des Kapitäns brachte mir der Smut ein Röhrchen Tabletten gegen Seekrankheit, ich erhielt »noch einen für den Weg«, turnte schwankend die Leitern hinab, und als ich mit dem rettenden Röhrchen in der Hand die Tür zu unserer Kabine aufriss, empfing mich meine Frau alles andere als begeistert: »Puh, du stinkst nach Schnaps. Darum hat das so lange gedauert.«

Zwei Stunden später betraten wir in Akureyri schwankenden isländischen Boden.

Auch meine erste Anreise zu Schiff nach Island war nicht ganz ohne Seekrankheit abgegangen. Dabei hatte von Land aus alles so leicht ausgesehen. Zwar hingen dicht geballte graue Wolken über der Nordsee, und das mit Schaumkronen gesprenkelte Meer war von einem noch dunkleren Graugrün, als ich an der Nordspitze Jütlands auf die Fähre wartete, die mich zur Insel weit draußen im Nordatlantik bringen sollte. Doch umso heller hob sich die *M/F Norrøna* aus Torshavn vor diesem dunklen Hintergrund ab, als sie wie ein Schwan auf den Hafen zuglitt. An Bord kam mir das Schiff gleich irgendwie vertraut vor, und ich stellte fest, dass ich schon auf ihm gefahren war, als es noch unter schwedischer Flagge zwischen Travemünde und Malmö verkehrte. (Nach zwanzig Jahren im Fährdienst nach Island kreuzt es heute als Schiff der christlichen Missionsorganisation »Gute Bücher für alle« über die Weltmeere. Habent sua fata naves.)

Auf dem ersten Abschnitt der Überfahrt um die Britischen Inseln und in Sichtweite an den Shetlands vorbei zu den Färöern erfüllten noch die hervorgestoßenen Kehllaute dänischer Touristen und die fröhlich klingende Zwitschersprache der Färinger die Salons und Bars unter Deck, während deutsche Geländewagenfahrer auf dem Sonnendeck die Wetterfestigkeit ihrer für Island neu erstandenen Outdoorkleidung testeten.

Doch als die *Norrøna* den Hafen von Torshavn wieder verließ und sich auf das letzte Stück der Überfahrt begab, setzte unter peitschendem Wind die lang rollende, schwere Dünung des offenen Nordatlantiks ein. Die Zahl der zu den Essenszeiten sich Einfindenden nahm von Mahlzeit zu Mahlzeit deutlich ab. Auch Lesen war mir beim Rollen und Stampfen des Schiffs nicht zuträglich, und so saß ich in einem Sessel oder lag in meiner Kabine und ermaß in ereignisarmen Stunden die beträchtliche Distanz, die Island vom europäischen Kontinent trennt.

Nach einer Nacht, in der es vorübergehend sogar dunkel wurde (es war Ende August), lief die *Norrøna* am frühen Morgen in den von hohen Bergen eng umstandenen Seyðisfjörður ein. Die Luft war klar, grau und empfindlich kühl. Auf den Bergen lag frisch gefallener Schnee. Wer hier ausschiffte und ins Land hineinwollte, musste diese verschneiten Berge überwinden. Mein voll beladener kleiner Kombi würde ganz schön zu kämpfen haben – immerhin hatte ich als Vorausabteilung der Familie Hausrat für einen mehrjährigen Umzug an Bord.

Der Zollbeamte an der Schranke guckte kritisch in das Innere meines Autos. »Du kommst aber nicht bloß für einen kurzen Landgang, mein Freund«, sagte er und ließ seinen Blick über offene Bananenkisten voller Bücher, Töpfe, Pfannen, Kaffeemaschine und Stereoanlage wandern. Doch meine Papiere waren in Ordnung, und er winkte mich mit einem freundlichen »*Góða ferð* und schönen Aufenthalt in Island« durch, ohne nach etwa in dem Gewusel versteckten Whiskyvorräten für den bevorstehenden Winter zu fahnden.

Mein Isländisch war damals noch sehr rudimentär, doch das Wort des Zöllners für den »kurzen Landgang« hatte ich verstanden, weil es noch aus der Wikingerzeit stammen muss. *Strand* bedeutet in etwa das Gleiche wie im Deutschen, und *högg* bedeutet Hieb. Ein *strandhögg* ist also ein Hieb, den man gegen eine Küste führt, eine überfallartige Landung, um zu erkunden, was es an Land zu plündern und zu erbeuten gibt. Seiner seeräuberischen Perspektive entkleidet, ist das Wort bis heute im Gebrauch und bestens geeignet, Erkundungstouren in einem neuen, unbekannten Land zu bezeichnen.

Der kleine Toyota Tercel kroch langsam, aber dank seines Allradantriebs sicher die Steigung zur verschneiten Passhöhe hinauf.

Wer mit dem Schiff in den Ostfjorden Islands ankommt, dem steht heute grundsätzlich frei, ob er lieber süd- oder nordwärts um die Insel fahren möchte, um die Hauptstadt Reykjavík am entgegengesetzten Ende zu erreichen. Bis vor einer Generation war das nicht so. Die rund um die Insel verlaufende Ringstraße wurde in ihrem schwierigsten Teilstück erst 1974 vollendet. Bis dahin mussten alle, die im Südland östlich des Flusses Skeiðará wohnten, den gewaltigen Umweg um den gesamten Ostteil der Insel und dann entlang der Nordküste nach Reykjavík nehmen, so unüberbrückbar waren die ständig ihren Lauf ändernden Abflüsse der gewaltigen Gletscher an der Südküste. Die wenigen Bauernfamilien, die in diesen einsamen Gegenden lebten, hatten deshalb im Lauf von Jahrhunderten aus den ohnehin zähen und mutigen Islandpferden eigens sogenannte Wasserpferde gezüchtet, die ohne Scheu Reisende durch die schlammgetrübten, eiskalten und oft reißenden Gletscherflüsse trugen. Einige von ihnen sind in Reiterkreisen bis heute namentlich bekannt. So etwa die 1885 geborene Óða-Rauðka, die »wilde Fuchsstute«. »Keiner konnte sie zu Beginn eines Rittes kontrollieren. Nicht kleinzukriegende Ausdauer«, hielt ein Zuchtberater damals schriftlich fest.

Ausländische Besucher in vorautomobilen Zeiten mochten anfänglich nur Skepsis und Spott für diese zotteligen kleinen Vierbeiner übrig haben: »Meins hatte glasige Augen und einen Kopf wie ein Geigenkasten«, schrieb etwa der Engländer John Coles, der Island im Sommer 1881 im Auftrag der Royal Geographical Society einen Besuch abstattete. Coles hatte im Krimkrieg selbst ein Auge verloren. Danach hatte er sich einige Jahre als Goldsucher und Pelzhändler in der Wildnis von British Columbia herumgetrieben und den praktischen Wert ausdauernder Pferde zu schätzen gelernt, sodass er nach einem ersten Ausritt in Island seine Meinung über die dortigen Pferde rasch änderte: »Ein besseres Reittier, um durch unwegsames Gelände und Flüsse zu kommen, als mein hässliches, glasäugiges Pferd konnte man sich nicht wünschen.«

Mit gehobenen Ansprüchen an Reitpferde kam sicher auch Sir Fredrick Temple Blackwood 1856 nach Island. Er war der einzige Sohn des irischen Barons Dufferin und in Florenz geboren, in Eton und am Christ Church College in Oxford erzogen worden und gehörte danach dem Hofstaat von Queen

Victoria an, die ihm einen Sitz im House of Lords verschaffte. Später wurde er als Earl of Dufferin Generalgouverneur von Kanada und 1884 für vier Jahre Vizekönig von Indien, bis ihn eine Affäre um dubiose Lizenzvergaben für den Rubinabbau in Burma zum Rücktritt zwang. Als er bald nach seinem Amtsantritt in Indien zum Khaiber-Pass ritt, um sich dort mit dem Emir von Afghanistan zu treffen, wurde er auch von einem Reporter der in Lahore erscheinenden *Civil and Military Gazette* begleitet. Der erst neunzehnjährige Journalist sollte später um vieles bekannter werden als der Vizekönig. Sein Name war Rudyard Kipling.

Schon 1856 hatte Lord Dufferin mit seiner Privatjacht *Foam* eine ausgedehnte Reise nach Island und in noch nördlichere Breiten bis hinauf nach Spitzbergen unternommen. Mit Nonchalance und Anstand ging er in seinen *Letters from High Latitudes* über die Ärmlichkeit des damaligen Reykjavík hinweg und hielt lieber fest, dass er sich mit den gebildeteren Einwohnern, so sie denn nicht Englisch sprachen, auf Französisch oder besser noch auf Latein verständigen konnte. Was im Übrigen achtzehn Jahre später auch der ansonsten eher kritische bis übellaunige Max Nordau an den Reykjavíkern zu loben wusste. Der bei Hof verkehrende ausländische Lord wurde natürlich vor allem von den Spitzen der Reykjavíker Gesellschaft empfangen und traktiert, eingeschlossen ein Bankett beim dänischen Gouverneur, dem Grafen Trampe, das als wüstes Besäufnis begann und endete. »Ich war mit dem Vorsatz erschienen, die Gastfreundschaft meines Wirts so beherzt zu erwidern, wie sie mir erwiesen wurde: Sollte er sich nicht damit zufriedengeben, mich *an* seiner Tafel zu sehen, so war ich bereit, notfalls auch *darunter* zu landen.«

Da der Abend bis in die mittsommerhelle Nacht hinein seine Fortsetzung auf einem Ball bei der Frau des Apothekers fand, fiel es Lord Dufferin aufgrund dieser eingehenden ethnografischen Studien leicht, nachdem er wieder zu sich gekommen war, seine Sympathien auf das einfache Volk auszuweiten. Er hielt es nun für »das frömmste, unschuldig treuherzigste Volk der Welt«.

Die sechsundzwanzig Pferde, die man ihm für eine Exkursion ins Landesinnere verkaufte, betrachtete er zunächst weniger wohlgefällig als »zottelige, schweineborstige und kuhessige Kreaturen«, rühmte sie aber schon bald als auch in schwierigem Gelände dermaßen trittsicher, dass sie eine Treppe rückwärts hinuntergehen könnten.

Ich war kein Lord und besaß kein Schiff (und leider auch keinen Sitz im Parlament), aber dafür fünfzig Pferdestärken mehr als Sir Frederick und gab Gas. Die Südroute reizte mich eigentlich sehr, doch war mir von einigen Mitreisenden an Bord versichert worden, auf der Nordroute komme man deutlich schneller voran, denn auf dem Weg nach Süden müsse ich jeden einzelnen der vielen zwar imposanten, aber auch tief ins Land einschneidenden Ostfjorde umfahren.

Ich entschied mich in Anbetracht der Zeit und des Wetters für die Nordroute, ließ das lange Tal am aufgestauten Fluss Lagarfljót mit seinem Seeungeheuer für einen späteren Besuch links liegen und prügelte den bis unters Dach beladenen, kleinen Tercel in unverzeihlicher Hast auf rutschigschlammiger Schotterpiste durch die wunderbare, schwarzbraun und schneeweiß gefleckte Hochlandwüste des Ostens. Ich passierte die vulkanischen Naturwunder am Mývatn, tankte bloß im schön gelegenen Akureyri am Eyjafjörður und warf an der *sjóppa*, dem Shop der Tankstelle, rasch nach gut dänischem Brauch eine *pylsa með öllu nema hráum*, einen Hotdog mit allen Beilagen bis auf rohe Zwiebeln, ein, bevor ich durch das grandiose Öxnadalur fuhr, ohne den Hof des Nationaldichters Jónas Hallgrímsson eines Blickes zu würdigen, nahm erleichtert zur Kenntnis, wie eben das weite Hinterland des geschichtsträchtigen Skagafjörður ist, trieb den keuchenden Tercel dann wütend das Tal der Norðurá hinauf zur Holtavörðuheiði mit dem entscheidenden Pass hinüber in den Westen der Insel, ließ den Wagen zügig am Zuckerhut der Baula vorbei in die herrlich weiten Wiesenlandschaften am Borgarfjörður rollen, kurvte durch den engen Hvalfjörður mit seinen tückischen Windböen (wer hätte sich damals schon einen bequemen und die Fahrzeit um mehr als eine Stunde verkürzenden Tunnel unter dem sehr tiefen Fjord vorstellen können, in dem während des Zweiten Weltkriegs ganze Geleitzüge der Alliierten ankerten?) und kam nach siebenhundert Kilometern und zehn Stunden Fahrtzeit ziemlich gerädert in Reykjavík an.

Wäre das Wetter unterwegs gut gewesen, hätte ich vielleicht doch irgendwo mein Zelt aufgeschlagen. So aber trieb mich ein unbestimmter, dummer Drang, unbedingt mein Ziel zu erreichen, immer weiter vorwärts. Vielleicht spielte unterschwellig ein wenig die Befürchtung mit, ich könne womöglich mutterseelenallein in diesen sehr fremdartigen, menschenleeren, im Dauerregen unsagbar düsteren und dennoch überwältigenden Landschaften mit dem Wagen liegen bleiben. Welch eine Schande jedenfalls; ein wenig schäme ich mich noch heute für diese Unterlassungssünde und auch für die Erleichterung, die ich empfand, als ich in Reykjavík auf dem vereinbarten Balken im Geräteschuppen tatsächlich einen Schlüssel fand und die Tür zu meinem zukünftigen, frisch mit Wellblech verkleideten Domizil in einem Innenhof der Hauptstadt aufschließen konnte.

Sie gibt sich anfangs spröde

Nach einigen ersten Erkundungsgängen durch die Stadt wich meine freudige Erwartung einer Enttäuschung, mit der ich nicht allein auf die Bekanntschaft mit Reykjavík reagierte. »Von See aus betrachtet, macht die isländische Hauptstadt einen sehr schäbigen Eindruck«, urteilte der schottische Mineraloge Sir George Steuart Mackenzie, der im Jahr 1810 eine Reise nach Island unternahm, um dort Beweise für die Richtigkeit der plutonistischen Theorie zu suchen. 1834 präsentierte sich Reykjavík von See aus so bescheiden, dass selbst einer der Gründer der Royal Geographical Society, Sir John Barrow, zweimal an ihm vorbeisegelte, ohne es durch sein Fernrohr zu entdecken.

»In der Tat, der Ort besteht aus einer Ansammlung von eingeschossigen Holzhäuschen – nur hier und da erhebt eines ein Giebelende zu höheren Prätentionen – entlang eines Lavastrands und wird zu beiden Enden von einer Vorstadt aus Torfhütten flankiert«, gab selbst der höfliche Lord Dufferin später zu. Und geradezu abgestoßen fühlte sich 1862 der anglikanische Pfarrer und Vielschreiber des Okkulten,

William Sabine Baring-Gould, dem die Nachwelt unter anderem die Hymne *Onward Christian Soldiers* und neben hundertfünfzig bis zweihundert weiteren Druckwerken ein Buch über Werwölfe verdankt. Seine Internatszöglinge in England pflegte er mit einer zahmen Fledermaus auf der Schulter zu unterrichten. Nach Island kam er, um zauberkundige Ureinwohner wie die alte Hexe aus der auch von ihm geliebten *Grettis saga* und anderen okkultistischen Spökes aufzuspüren sowie en passant bis dahin unbekannte Naturwunder zu entdecken. So gab sich Baring-Gould in seinem Reisebericht *Iceland, Its Scenes and Sagas* als Erstentdecker von Europas mächtigstem Wasserfall, dem Dettifoss im Nordosten Islands, aus, zu dem ihn natürlich ein Bauer aus der Gegend führen musste. Welchen Eindruck konnte gegen solche Entdeckungen schon das winzige Kaff in der Rauchbucht erwecken? »Reykjavík ist ein Durcheinander hölzerner Baracken, errichtet, wo immer es ihrem Erbauer gefiel [...]. Sobald man die beiden einzigen Straßen verlässt, wird der Gestank aus den kleineren Behausungen unerträglich. Verrottender Fisch und Fischabfälle, Schmutz jeglicher Art wird überall hingeworfen, und es bleibt dem Regen überlassen, ihn wegzuspülen.«

Als ich 1992 nach Reykjavík kam, leiteten Rohre solche Abfälle und Abwässer zwar etwas dezenter ins Meer ein, doch die Errichtung einer Kläranlage ließ noch auf sich warten, bis ich die Insel sechs Jahre später wieder verließ. »Das Meer ist groß, und wir sind so wenige«, lautete meist schulterzuckend die Antwort auf meine sehr deutschen Nachfragen. Es stimmt zwar, dass in Island nicht mehr Menschen leben, als zur Weltbevölkerung an einem einzigen Tag hinzukommen, doch immerhin wohnten in Reykjavík mittlerweile mehr als hunderttausend Menschen an einem Ort zusammen, mehr als ein Drittel der damaligen Gesamtbevölkerung des Landes. Durch fortwährende Landflucht haben sich die Anteile noch weiter verschoben. Heute leben deutlich mehr als die Hälfte aller Isländer im Großraum der immer weiter über die umliegende Landschaft sich ausbreitenden Hauptstadt. Einige Infrastrukturplaner haben die Folgen des seit dem Ende des Zweiten Weltkriegs andauernden Zuzugs konsequent zu Ende gedacht und vorgeschlagen, man solle auch den Rest der Landbevölkerung in die Stadt umsiedeln und das ganze Land außerhalb der Metropolregion zum Naturschutzgebiet erklären, das ergäbe immense Einsparpotenziale für die gesamte Volkswirtschaft.

Die meisten Isländer, die ich kennengelernt habe, waren ausgesprochen praktisch denkende Menschen, aber mit dem Herzen hängen doch viele an der so ganz anderen Lebensform auf dem Lande, die eine langsam aussterbende eigene Kultur besitzt. Auch unter seit Generationen in der Stadt ansässigen Reykjavíkern wird oft die Frage gestellt: Woher kommst du? Und dann antworten die meisten mit dem Namen eines abgelegenen Bezirks, aus dem ursprünglich einmal ihre Urgroßeltern zugezogen sind.

Selbstverständlich ist Reykjavík seit Langem keine Ansammlung bescheidener Holzhäuser mehr, sondern eine hypermoderne Stadtagglomeration, die mit Problemen wie Verkehrsstaus, Immobilienkrisen und Feinstaubbelastung zu kämpfen hat wie Großstädte überall auf der Welt. Und doch haben die Isländer manches, was andernorts längst für jedermann zum Alltagswissen gehört, erst in allerjüngster Zeit lernen müssen.

Am 17. Juni 1994, dem isländischen Nationalfeiertag, sollte am historischen Schauplatz von Þingvellir eine große Gedenkfeier zum fünfzigsten Jahrestag der Unabhängigkeit der Republik Island stattfinden. »Thingvellir is where they used to have the Thing, which was the Icelandic name for parliament and a very good name too«, spöttelte der englische Dichter W. H. Auden 1936 in seinen *Letters from Iceland*. Das isländisch-englische Wortspiel lässt sich im Deutschen leider nicht so hübsch nachbilden, aber auch uns lässt der Name erahnen, dass er den Ort bezeichnet, an dem seit dem Jahr 930 die Isländer alljährlich zu ihrer landesweit einberufenen Thingversammlung zusammenkamen. In dieser Tradition hatte man dort 1874 der Ankunft des ersten dauerhaften Siedlers in Island tausend Jahre zuvor gedacht und aus den Händen des dänischen Königs Christian Wilhelmsson eine neue Verfassung entgegengenommen, die der Insel eine begrenzte Selbstverwaltung gestattete. Halldór Laxness ließ in seinem Roman *Das wiedergefundene Paradies* dessen Helden Steinar Steinsson dem König spöttisch dafür danken, dass der seinen Untertanen endlich das schenkte, was sie eigentlich längst selbst besäßen, nämlich »die Erlaubnis, hier in Island aufrecht zu gehen«. 1944, als Dänemark von Nazideutschland besetzt und deshalb nicht handlungsfähig war, haben die Isländer keinen König mehr um Erlaubnis gefragt und im strömenden Regen in Þingvellir einseitig ihre Unabhängigkeit ausgerufen. Fünfzig Jahre später standen auf diesem heiligen Boden um den Gesetzesfelsen des mittelalterlichen Freistaats an der tiefen Allmännerschlucht Tribünen für den Jubiläums-Festakt aufgebaut, zu dem man neben der Regierung und dem gesamten diplomatischen Korps der Hauptstadt Zigtausende isländische Bürgerinnen und Bürger erwartete. Und die kamen auch, oder versuchten es zumindest. Da Þingvellir knapp fünfzig Kilometer von Reykjavík entfernt liegt, stiegen die Hauptstädter, wie sie es gewohnt waren, etwa fünfundvierzig Minuten vor Beginn der Feierlichkeiten in ihre Autos und fuhren los. Minuten später war der erste kilometerlange Verkehrsstau der Landesgeschichte eine historische Tatsache. Aus Mangel an einschlägigen Erfahrungen hatte niemand in Erwägung gezogen, dass es bei einer solchen Großveranstaltung zu einem erhöhten Verkehrsaufkommen mit entsprechenden Verzögerungen kommen würde. Eine einzige Blechschlange wand sich Stoßstange an Stoßstange die nach Norden aus der Stadt und dann an Laxness' Haus vorbeiführende Straße nach Þingvellir hinauf, und viele Isländerinnen und Isländer erlebten den Festakt, dem sie beiwohnen wollten, nur am Autoradio mit.

Von Staus und überfüllten Straßen war Reykjavík im Spätsommer meiner Ankunft weit entfernt. Und vielleicht war gerade das eins der sichtbaren äußeren Anzeichen für meine unterschwellige Enttäuschung. Es war Sommer, ein etwas kühler zwar, der an manchen Tagen das Thermometer vor meinem Küchenfenster nicht über acht Grad steigen ließ, aber vom Schnee und Schneeregen auf den Bergen und Hochebenen des Ostens war in Reykjavík nichts zu sehen. Die Sonne schien, die Luft war klar, sehr klar, auf dem Stadtteich, in dem das mutig moderne Rathaus seine hellgrauen Säulenbeine badete, schwammen Enten, Scharen von Wildgänsen weideten auf den Grünflächen an seinem unteren Ende, über dem kleinen Feuchtmoor vor dem von Alvar Aalto wunderschön in die Umgebung eingefügten Nordischen Haus jenseits der Straße standen rüttelnd die elegant wie geschweifte Pfeilspitzen geformten Küstenseeschwalben, und vor einem

Café auf dem zentralen Platz vor dem Parlament, dem Austurvöllur, warteten sogar ein paar Stühle und Tische im Freien auf Gäste. Nur die Menschen fehlten. Nicht völlig natürlich, Autos rollten, einige Passanten eilten vorüber, junge Frauen schoben Kinderwagen durch die Straßen der Innenstadt (damals war noch nichts Außergewöhnliches daran, wenn sie mit siebzehn oder achtzehn Jahren ihr erstes Kind zur Welt brachten), und manchmal kam vom Hafen eine Gruppe von Kreuzfahrttouristen in hellen Windjacken und absolvierte ihren Schnellrundgang zum Parlament, zur winzigen Domkirche, zum Rathaus und hinauf zur Hallgrímskirche, doch insgesamt wirkte die Stadt gedämpft, leise, halb verlassen und ziemlich leblos.

Als ich meinen Antrittsbesuch bei der Universität machen wollte, lief ich lange durch verlassene Flure und leere Gänge, bis ich endlich im Dekanat eine lebende Seele antraf, eine Sekretärin, die mich entgeistert fragte, warum ich denn schon so früh gekommen sei, das Semester beginne doch erst in zwei Wochen.

Der September brach an, das Semester begann, die Studierenden kehrten in die Stadt zurück und mit ihnen die vielen Reykjavíker, die ihre Ferien auf warmen Sonneninseln im Mittelmeer, bei Verwandten oder in Sommerhäusern auf dem Land verbracht hatten. Ich begriff, dass Reykjavík damals noch nach der skandinavischen Tradition des »sommarstängt« während der Sommermonate Juli und August überwiegend geschlossen war. Mit dem Ende des Sommers aber erwachte die Stadt auf einmal zum Leben. Im selben Tempo, in dem die Temperaturen draußen fielen, begann die Temperatur im Leben der Stadt zu steigen. Die schönen alten

Ebereschen in den Gärten der älteren Viertel bekamen leuchtend gelbe Blätter und trugen noch leuchtendere rote Beeren, an denen sich Wolken von Staren für den Winter stärkten, und ebenso bunt belebte sich die Kulturszene; neue Ausstellungen wurden eröffnet, in den Theatern (neben National- und Stadttheater gab es noch einige weitere kleine Bühnen) begann die Spielzeit, Konzerte und mehrere Festivals fanden statt, darunter ein Literaturfestival mit einer bemerkenswerten Auswahl international bekannter Autoren aus dem Ausland. Nach Auftritten von Pascal Quignard aus Frankreich, dem Lyriker John Balaban aus den Vereinigten Staaten und Kirsten Thorup aus Dänemark reflektierte der gerade in die Schwedische Akademie gewählte Torgny Lindgren mit einer Verbeugung vor dem großen alten Mann der einheimischen Literatur ironisch und sehr unterhaltsam über »Laxness' Law«, dem zufolge alles, was den Regeln des Erzählens folge, auch Erzählung sei. Dann las er eine eigene so hinreißend komische Parabel, dass am Ende niemand mehr bezweifelte, dass aus den lange von bigotter Frömmelei, inbrünstigen Predigern und verstockten Bauern geprägten winzigen Dörfern wie Hjoggböle, Raggsjö oder Kvavisträsk im nordschwedischen Västerbotten Schwedens allerbeste Erzähler stammen.

Die Ironie in Hans Magnus Enzensbergers neuer Gedichtsammlung *Zukunftsmusik* richtete sich dagegen für mein Gefühl eher unfreiwillig gegen den Verfasser selbst. Sie machte auf mich den Eindruck ausgesprochener Alterslyrik. Nach seiner Lesung aber präsentierte sich Enzensberger höchst eloquent als auf allen Bühnen bewanderter Grandseigneur des Weltgeschehens, suggerierte mit kleinen Aussagen zur isländischen Tagespolitik, er habe nichts Wichtigeres zu tun gehabt, als sich auf seinen Besuch gründlich vorzubereiten, erzählte Anekdoten von einem Aufenthalt bei den sibirischen Samojeden und gab mit ein paar norwegischen Brocken zu verstehen, dass er sich überhaupt im Norden gut auskenne und heimisch fühle, und vergönnte dem isländischen Fernsehen dann doch lieber auf Englisch ein Interview.

Christoph Ransmayr dagegen ließ in all seiner mürrischen Verdrießlichkeit deutlich heraushängen, wie scheißegal ihm dieses Literaturfestival sei, indem er auf jede Frage zur Literatur mit der Gegenfrage antwortete, wo man denn in Island am besten zu Fuß die Gletscher überqueren könne. Für jemanden, der mit Reinhold Messner in den Alpen kraxelte und über die Schrecken des Eises und der Finsternis geschrieben hat, konnte das zwar höchstens ein kurzweiliger Ausflug sein, anscheinend aber deutlich interessanter, als mit langweiligen Literaten Podiumsgespräche in geheizten Sälen zu führen. Als allergrößte Zeitverschwendung erschien ihm offensichtlich, sich abends im Café mit einem Einfaltspinsel von der Hochschule wie mir über seine Bücher zu unterhalten, aber auch das ist nur zu verständlich.

Ich weiß nicht, ob sich Ransmayr am Ende nicht doch dem Gruppenausflug der Festivalteilnehmer nach Þingvellir angeschlossen hat, komme aber auf die gewaltige Erdspalte der Allmännerschlucht dort noch einmal zurück, weil sich ein Vorzug des kulturellen Lebens in Island letztlich auf die Geologie zurückführen lässt.

Island verdankt seine Entstehung (und seine wiederkehrenden Vulkanausbrüche) dem seltenen Zusammentreffen zweier geologischer Phänomene. An der Stelle, an der es sich befindet, fördert eine aufwärts gerichtete Strömung aus rund 2800 Kilometern Tiefe unablässig Magma aus dem unteren Erdmantel nach oben in die Erdkruste und bildet dort eine gewaltige Magmakammer, einen Hotspot oder Heißen Fleck. Geologen bezeichnen eine solche Magmaströmung als Manteldiapir oder Mantel-Plume. Der Island-Plume führte ursächlich mit dazu, dass in der Erdkruste ein Riss entstand, durch den das Magma an die Oberfläche treten kann. Dabei drückt es die Ränder des Risses immer weiter auseinander, sodass die eurasische und die nordamerikanische Kontinentalscholle langsam voneinander fortdriften. Der Riss zieht sich heute als Mittelatlantischer Rücken wie eine wulstige Narbe über eine Länge von 20 000 Kilometern von Nord nach Süd über den Meeresboden im Atlantik.

Anfänglich lag das heutige Grönland über dem Heißen Fleck, durch die Drift der Kontinentalplatten ist es in unserem Erdzeitalter Island. Da der Magmastrom aus dem Mantel-Plume durch die dünne Kruste hier besonders leicht zur Oberfläche durchbrechen kann, wurde im Lauf der letzten paar Millionen Jahre so viel Magma gefördert, dass es sich vom Meeresgrund in viertausend Metern Tiefe bis über den Meeresspiegel hinaus aufeinanderschichtete und eine neue Insel formte. Island, speziell die Almannagjá, ist nun der einzige Ort entlang des gesamten Mittelatlantischen Rückens, an dem das Auseinanderdriften der Kontinentalplatten so offen sichtbar zutage liegt. Geotektonisch betrachtet besteht Island also aus zwei Hälften, die verschiedenen Kontinenten angehören, seine östliche Seite liegt auf der europäischen Scholle, während seine Westhälfte zu Amerika gehört. Durch die Almannagjá können wir trockenen Fußes von Europa nach Amerika spazieren.

Island befindet sich in etwa gleicher Entfernung von oder Nähe zu Amerika und Europa. Seit es einen regelmäßigen nordatlantischen Linienflugverkehr gibt, machen sich die Isländer diese Lage zunutze. Welche Berühmtheit oder Koryphäe auch immer von Europa in die USA oder in umgekehrter Richtung über den Atlantik fliegt, darf damit rechnen, eine Anfrage zu erhalten, den Flug doch bitte kurz für eine Zwischenlandung und einen Auftritt in Island zu unterbrechen. Mit anschließendem freien Eintritt in die Blaue Lagune nahe dem internationalen Flughafen. Durch einen dezent angebrachten Hinweis, die Insel liege so isoliert mitten im Atlantik und ihre Bevölkerung sei zahlenmäßig dermaßen gering (»wir sind doch nur so wenige«), dass man sich kaum erlauben könne, derart illustre Gäste eigens anreisen zu lassen, doch wenn die sehr geschätzte Persönlichkeit ihre Reiseroute nun ohnehin schon über den Luftraum Islands nähme ... Mit dieser Taktik, geschickt auf das allgemeine Wohlwollen gegenüber Kleinstnationen zu spekulieren und obendrein noch mit den außergewöhnlichen Reizen der isländischen Natur zu locken, sind die Isländer ausgesprochen erfolgreich. Die vielen renommierten Schriftsteller und die bekannten Musiker, die alljährlich auf den Reykjavíker Festivals auftreten, belegen das. So schaffte es zum Beispiel der isländische Regisseur Baltasar Kormákur in den Neunzigerjahren, den Sänger der britischen Popgruppe Blur, Damon Albarn, nicht nur dazu zu bewegen, den Soundtrack für seine Verfilmung des Romans *101 Reykjavík* von Hallgrímur Helgason zu komponieren, sondern auch mit ihm zusammen in ebendiesem Postleitzahlbereich der Reykjavíker Innenstadt eine Bar zu eröffnen, die für einige Jahre zum angesagtesten Treffpunkt der Szene wurde. Langlebig sind Bars und Kneipen in Reykjavík nie. Wenn sie schon abgeschnitten auf einer Insel leben müssen, möchten die Insulaner doch wenigstens durch permanentes Umdekorieren und Neueröffnen der Cafés die Illusion von stetem Wandel und ständigen Neuerungen erzeugen. Daher kann ich Bekannten, die um Tipps bitten, wo man in der isländischen Hauptstadt am besten ausgeht, nur begrenzt mit nützlichen Auskünften dienen. Die Halbwertszeit der dortigen Szenelokale beträgt selten mehr als ein oder zwei Winter. Danach werden sie meist nur noch von Touristen besucht, weil sie Aufnahme in den Lonely-Planet-Islandführer gefunden haben; die Einheimischen sind längst weitergezogen.

Besonders wichtig ist die interkontinentale Mittellage Islands für den wissenschaftlichen Austausch seiner Universität. Erst seit 2011, hundert Jahre nach ihrer Gründung und sehr bescheidenen Anfängen, hat sie es geschafft, ins The Times Higher Education Ranking aufgenommen zu werden, und sie kann daher, abgesehen von Disziplinen wie Vulkanologie und Erdbebenforschung oder Altnordische Philologie, kaum auf einen Ruf als Mekka internationaler Spitzenforschung pochen. Aber zum einen hat sie es zum Wohl ihrer Studierenden geschafft, Austauschabkommen sowohl mit europäischen als auch mit amerikanischen Förderprogrammen abzuschließen. Wenn ein isländischer Student kein ERASMUS-Stipendium ergattert, nimmt er eben ein Fulbright für die USA. Und so gibt es vergleichsweise wenige Akademiker, die nicht einige Semester im Ausland studiert haben oder gar einen Abschluss an den renommiertesten Universitäten Europas oder der Vereinigten Staaten vorweisen können.

Zum anderen ist es spektakulär, wen die Universität alles

als Gastdozent oder Vortragenden nach Island zu locken vermag. In meiner Zeit an der Universität habe ich allein einen internationalen Starphilosophen wie Jacques Derrida drei Mal an einem Reykjavíker Rednerpult erlebt.

Nicht erst auf Reisende des 20. Jahrhunderts hat Island große Anziehungskraft ausgeübt. Die Wikinger Skandinaviens fanden die von ihnen entdeckte Insel weit draußen im Nordmeer so verlockend, dass sie das bewohnbare Land rund um ihre Küsten innerhalb von nur sechzig Jahren vollständig besiedelten. Auf ihren Handelsfahrten zu den Ländern des Kontinents wussten sie derart Fabelhaftes von einzigartigen Phänomenen in der Natur ihrer Insel zu berichten, dass es von Mönchen in den Klöstern Frankreichs und Deutschlands in ihre Chroniken und gelehrten Abhandlungen aufgenommen wurde. Solange sie noch über seetüchtige Schiffe verfügten, reisten die Isländer viel und gern, nicht immer nur zu Handelszwecken. Der erste Abt eines Benediktinerklosters in Nordisland verfasste bereits Mitte des 12. Jahrhunderts für seine Landsleute in der Volkssprache einen detaillierten Reiseführer über die Pilgerwege nach Rom und weiter bis ins Heilige Land. Nach dem Verlust der Unabhängigkeit 1262 und eigener hochseetüchtiger Schiffe nahm der Kontakt mit dem Ausland jedoch rapide ab, und nach der Errichtung eines dänischen Handelsmonopols im Jahr 1602 entschwand die Insel in der Folgezeit so weit aus dem Blickfeld anderer Nationen, dass sie kaum zweihundert Jahre später (das Handelsmonopol wurde mit Jahresbeginn 1788 aufgehoben) von europäischen Reisenden geradezu als Terra incognita wiederentdeckt wurde, dann aber sogleich in die Topränge exotischer Reiseziele aufstieg. Höchst bezeichnend für diesen Island-Zugang ist die Banks-Expedition von 1772.

Ihr Leiter, Sir Joseph Banks, Esquire, war nicht nur ein überaus vermögender, sondern auch ein weit gereister junger Herr, ja, er hatte schon die ganze Welt umsegelt, bevor er im Frühjahr 1772 die Brigg *Sir Lawrence* für seine eigene private Expedition ins unbekannte Island charterte.

Als sein Vater starb, hatte Sir Joseph mit achtzehn Jahren mehr als ein Dutzend Landgüter in Lincoln- und Derbyshire geerbt, die ein jährliches Einkommen von 6000 Pfund abwarfen, und war damit schlagartig in die obersten fünf Prozent der Spitzenverdiener Großbritanniens aufgerückt. Die Landarbeiter auf seinen Gütern erhielten 25 Pfund im Jahr, wenn's hoch kam, und ein James Cook bekam als Kapitän der *Endeavour* rund 1800 Pfund im Jahr. Das macht zusätzlich zum Adelstitel den großen Abstand zwischen den beiden Männern deutlich, die am 26. August 1768 von Plymouth aus gemeinsam in See stachen, um im gerade erst entdeckten Tahiti den Venusdurchgang des folgenden Jahres zu beobachten. Banks hatte bis dahin nur eine einzige Seereise unternommen, die ihm sein Angelfreund Lord Sandwich, der amtierende Erste Lord der Admiralität, verschafft hatte, und sich ansonsten vor allem als Sammler von Pflanzen die Zeit vertrieben. Sein Biograf, der so angenehm zu lesende Seeschriftsteller Patrick O'Brian, hält fest, dass Sir Joseph, obwohl er Harrow und Eton besuchte, weder eine ordentliche Rechtschreibung noch Zeichensetzung lernte. »Latein und Griechisch waren eine Nahrung, die sein Hirn nie verdauen konnte [...] und hätte es nicht die Botanik gegeben, wäre sein Geist wahrscheinlich nie erblüht.«

Für das Herbarium, das er nach seiner Rückkehr aus Neufundland stiftete, wählte man Banks zum Fellow der Royal Society, und die hatte die wissenschaftliche Federführung für die Beobachtung des Venusdurchgangs inne. Folglich ließ sich der junge Banks bald bei der Admiralität melden und präsentierte ein Schreiben der Gesellschaft, das nachdrücklich empfahl, »unter Berücksichtigung seiner großen persönlichen Verdienste und zur Beförderung nützlichen Wissens Mr. Banks zusammen mit einem persönlichen Gefolge von sieben oder mehr Personen an Bord des Schiffes unter Kapitän Cooks Kommando aufzunehmen«.

Man kann sich Cooks Begeisterung vorstellen, als der junge Aristokrat mit einer Entourage von acht Dienern und Begleitern und einer Ausrüstung im Wert von zehntausend Pfund am Kai in Plymouth vorfuhr, um für alle und alles Platz in der nicht einmal vierzig Meter langen *Endeavour* mit ihren bereits fast neunzig Mann Besatzung zu belegen. »Es ist nicht das geringste der vielen Wunder auf dieser sehr langen, sehr überfüllten Reise, dass niemand einen Kameraden umbrachte«, schreibt O'Brian.

Gemeinsam widerstanden die Besatzungsmitglieder mehr oder weniger den Verlockungen Tahitis, überlebten etliche Begegnungen mit menschenfressenden Maoris in Neuseeland (abgenagte Menschenknochen wurden als Souvenirs zu einem begehrten Tauschartikel unter den Matrosen, hielt ungerührt Banks in seinem Tagebuch fest) ebenso wie einen Schiffbruch auf dem Großen Barriere-Riff vor der Küste Australiens und das für so viele tödliche Klima in der holländischen Kolonie Batavia. Doch als Banks bald nach der Rückkehr 1772 seine Beziehungen spielen ließ, um Cook auch auf dessen zweiter Weltumsegelung zu begleiten, und das dafür vorgesehene Schiff, die *Resolution*, für seinen persönlichen Komfort an Bord komplett umbauen lassen wollte, knurrte Cook vernehmlich: »Over my dead body.« Nach vielen Querelen setzte sich Cook durch. Die am Schiff bereits vorgenommenen Umbauten wurden wieder abgerissen, Banks zog sich beleidigt zurück, und an seiner statt wurde der kaum Ansprüche stellende und gerade gnädig in die Royal Society aufgenommene Naturforscher Reinhold Forster aus Nassenhuben bei Danzig mit seinem erst achtzehnjährigen Sohn Georg als begleitender Wissenschaftler engagiert.

Die *Resolution* sollte am 13. Juli 1772 in die Südsee aufbrechen, um endlich die Existenz eines seit Langem vermuteten Südkontinents zu beweisen oder sie endgültig zu widerlegen. Erneut würden Cook und seine Männer Neuseeland und das Ziel aller Sehnsüchte, Tahiti, anlaufen, und was tat Banks? Er nahm seinen gesamten Mitarbeiterstab, der ursprünglich für diese Traumziele und seine zweite Weltumsegelung bestimmt war, suchte sich ein anderes Schiff und ein anderes Ziel, das er an Exotik offenbar den Südseeinseln für ebenbürtig hielt. Am 12. Juli 1772, genau einen Tag vor Cooks Aufbruch, ließ er in Gravesend die Anker lichten und segelte mit geschwellten Segeln davon. Sein Ziel: Island.

Am Abend des 26. August sichtete die Besatzung der *Sir Lawrence* den ersten schneebedeckten Gipfel. Zwei Tage später näherten sie sich vorsichtig den ersten Eingeborenen, und Banks' Beschreibung dieses Erstkontakts unterscheidet sich der Art nach in nichts von ersten Begegnungen mit Wilden auf unbekannten Inseln des Pazifiks:

»Um uns herum fischten viele Boote, wir zweifelten nicht, dass einige von ihnen, als wir unsere Farben zeigten, an Bord kommen würden, doch dessen ungeachtet & auch aller anderen Signale, die wir gaben, schienen sie uns eher zu vermeiden. Das nötigte uns, ein Boot auszusetzen, um mit ihnen zu sprechen, doch sobald sie das sahen, ruderten sie mit aller Macht davon. Unser Boot verfolgte sie und holte sie bald ein. Es waren drei, und sie schienen alle sehr verängstigt.« – Am nächsten Morgen betraten die Engländer zum ersten Mal die unbekannte, wilde Insel: »Wir landeten in einem Land, rauer und zerklüfteter, als die Einbildungskraft sich vorstellen kann [...]. Das einzigartige Aussehen der Felsen, so anders als alles, was je einer von uns zuvor gesehen hatte, musste durch die Einwirkung von Feuer geschaffen worden sein.«

Fünfzehn Jahre später, Banks war inzwischen zum Baronet geadelt und Präsident der Royal Society geworden, stiftete er mit seinen abenteuerlichen Erzählungen einen anderen jungen Aristokraten und Großgrundbesitzer an, in seinen Fußstapfen eine zweite wissenschaftliche Erkundung Islands vorzunehmen. 1789 kam Sir John Thomas Stanley, später Baron Alderley, mit zwei Begleitern nach Island. Trotz eines (so weit wie auf der Insel möglich) standesgemäßen Empfangs durch Gouverneur Ólafur Stephensen blieben sie lieber auf der Hut vor den Wilden: »Obwohl wir uns von den Eingeborenen oder anderen keiner Gefahr versahen, fühlten wir uns sicherer, gut bewaffnet zu bleiben«!

Den Rat beherzigten auch viele der Briten, die in den folgenden Jahrzehnten in steigender Zahl Island besuchten. Nachdem die Isländer wirklich nicht mehr so gefährlich erschienen, dass man besser bewaffnet durchs Land ritt, musste man sich immer noch angemessen gegen die Unbilden des isländischen Wetters wappnen. So dachte auch W. H. Auden, der 1936 eine Islandreise unternahm. Sein Dichterfreund Stephen Spender trieb später einen Zeugen auf, der den Aufzug Audens während dieser Reise so beschrieb: »Ich sehe ihn heute noch in seiner Schlechtwetter-Montur vor mir. Nach eigener Aussage trug er eine Flanellhose über seinem Pyjama und darüber weite Reitbreeches, zwei Hemden und eine Golfjacke unter seinem Tweedjackett, dazu enorme braune Gummistiefel. Regnete es, zog er eine lange schwarze Ölhaut über alles und stülpte sich einen Südwester auf den Kopf, auf dem mit Sicherheitsnadeln eine alte Pelzmütze befestigt war. Wurde das Wetter ganz ungemütlich, stieg er auch noch in Regenhosen aus gelbem Ölzeug, die ihm bis zur Hüfte reichten [...]. Diese außergewöhnliche Erscheinung, von hinten betrachtet auf einem Pony hopsend, das kaum größer war als sein Reiter, war ein Anblick, an den ich mich stets mit liebevoller Freude erinnern werde.«

Mein erster Herbst in Reykjavík schritt weiter fort, und seine Launen brachten mich bald auf den Gedanken, mich ähnlich auszustaffieren wie Auden. Es kamen nämlich raue Nächte. Raue, kalte Nächte und raue, heiße Nächte.

Damals keilte sich, wer sich zum kulturellen Anti-Establishment zählte, freitag- und samstagabends in die kompakte Masse von Leibern in der *Bíóbar*, in der auch regelmäßig die Gesichter landesweit bekannter Film- und Theaterschauspieler und literarischer Größen auftauchten, die sich bald schulterklopfend mit jedermann in den Armen lagen. Berührungsängste etwa aus Imagegründen gab es nicht. Gerade weil die isländische Gesellschaft so überschaubar ist, verfügt sie über eine ausgezeichnet funktionierende Vergesslichkeit. Zumindest nach außen hin hatte man am Montag längst vergessen, mit wem man sich am Freitag gemeinsam die Lichter ausgeblasen hatte. Diese partielle Amnesie ist natürlich ein wichtiger Schutzmechanismus in einer so überschaubaren Gesellschaft, in der viele miteinander bekannt oder gar verwandt sind und man, wenn man wollte, auch schon vor der massenhaften Datenschnüffelei im Internet so gut wie alles über jemanden in Erfahrung bringen konnte.

In der *Bíóbar* lernte ich bei widerlich süßen Hotshots und dänischem Bier Sigfús Bjartmarsson kennen. Er hatte gerade ein ziemlich krasses und aufsehenerregendes Lyrikbändchen mit dem Titel *Zombiegedichte* veröffentlicht und wartete auch mit einigen hinreißend bissigen Kurzgeschichten auf, die alles andere als politisch korrekt waren. Sigfús war ein vielversprechender, spannender Autor, nur stieß er mit seinem Sarkasmus so manchen vor den Kopf und erhielt in der Folge nicht das staatliche Autorengehalt, mit dem die isländische Gesellschaft ihre Schriftsteller auf vorbildliche Weise fördert. Überdies kam Sigfús nicht aus Reykjavík, sondern vom Lande, aus dem Nordosten der Insel, wo in der Hauptstadt am liebsten niemand herstammt, machte aber mit der Trotzköpfigkeit einer Laxness'schen Romanfigur aus diesem Makel eine Tugend, indem er sprachlich höchst anspruchsvolle und inhaltlich sehr unsentimentale bis kaltblütige Erzählungen über das herbstliche Ballern auf Wildgänse, über den Blutdurst entlaufener Nerze und die Dummheit von Seeadlern als Auslaufmodellen der Evolution schrieb, in denen die Stadtbewohner nur als tierschutzbedachte, ahnungslose Weicheier vorkamen, die womöglich heimlich Geld an Greenpeace spendeten. Da sich die Umweltorganisation in ihren Kampagnen gegen den Walfang auch herausgenommen hatte, das kleine Island mit seinen wenigen überlebenden Traditionen, zu denen nun einmal auch der Walfang gehörte, öffentlich anzuprangern, gilt sie bei vielen Isländern als äußerer Feind Nummer 1.

Sigfús erklärte es zur lehrreichsten Schule des wahren Lebens, sein Geld als Eisenbieger auf dem Bau zu verdienen, kam dadurch aber nur noch selten zum Schreiben. Irgendwann verschwand er nach Mexiko und kehrte leider mit einem ziemlich schwer verständlichen Reisebuch von dort zurück, das ihn zu einem kaum mehr gelesenen Autor machte, was seiner Menschenfreundlichkeit nicht gerade auf die Sprünge half. Ich besuchte ihn einmal in seiner Mansardenwohnung in einem grau verputzten Mietshaus aus den Vierzigerjahren, in der er in *splendid isolation* lebte. Er führte mich erst in die Küche und dann in sein Wohnzimmer und forderte mich auf, zu beiden Seiten aus den kleinen Fenstern der Dachgauben zu schauen. »Hier siehst du mich auf dem höchsten Punkt meines Lebens«, sagte er dazu. »Da unten siehst du, wo ich herkomme. Das ist die ehemalige Schule für schwer erziehbare Kinder. Und auf der anderen Seite siehst du, wo ich hingehe.« Da lag der alte städtische Friedhof.

*

Im Herbst 1992 lag der »B-Day« in Island erst drei Jahre zurück. Mit ihm war ein achtzig Jahre währendes Bierverbot auf der Insel in einem mehrere Tage währenden Massenbesäufnis untergegangen. Allein am ersten Tag waren mehr als 340 000 Dosen Bier verkauft worden, weit mehr, als die Insel damals Einwohner hatte, Säuglinge eingerechnet.

Unter der Woche auszugehen oder Alkohol zu trinken,

war während meiner Zeit in Reykjavík noch kaum üblich. Da blieb man zu Hause in der Familie und trank zum Abendessen Milch oder das vorzügliche Wasser, aber an den Wochenenden wurden sämtliche Schleusen geöffnet. Üblicherweise besuchte man nicht eine Kneipe, sondern »ging auf die Runde«. Die *Bíóbar* belebte sich etwa ab 22 Uhr, ihr folgte ab Mitternacht das *Café List*. *Bíó* ist übrigens das isländische Wort für Kino, und *List* bedeutet Kunst. Wenn man dort ankam, stand draußen vor der Tür bereits eine lange Schlange. Während die Männer noch halbwegs der Jahreszeit gemäß gekleidet waren, standen die jungen Wikingernachfahrinnen meist in kurzen Röcken und halb transparenten Seidenblusen in der klirrenden Kälte. Wenn es richtig ungemütlich wurde, rückte man einfach etwas dichter zusammen und ließ aus der einen oder anderen Tasche Flachmänner mit *Landi* (schwarzgebranntem Fusel aus der eigenen Garage oder von Verwandten auf dem Land) kreisen.

Drinnen braute der Inhaber, ein bulliger Spanier mit einem pockennarbigen, aber gutmütigen Gesicht, einen vorzüglichen Carajillo, und ein blutjung aussehendes Mädchen bediente hinter der Theke: Guðrún Eva Minervudóttir, die, so vermute ich, schon damals heimlich Texte schrieb und die 2011, als Island Gastland der Frankfurter Buchmesse war, als erfolgreiche Autorin vor Hunderten geladener Gäste die Eröffnungsrede hielt. Das Reykjavíker Nachtleben erwies sich mithin als ein kulturell durchaus fruchtbarer Sumpf.

Sein offizieller Teil endete am Wochenende mit der Sperrstunde um 3 Uhr in der Frühe. Aus dem Bestreben, nur ja nicht allein nach Hause wanken zu müssen, kam es kurz vorher notorisch zu dem sogenannten Viertel-vor-drei-Syndrom. Es äußerte sich zum Beispiel so, dass ich einmal auf dem Weg zur Toilette von einer nicht mehr ganz nüchternen jungen Frau angesprochen wurde, die mit einer Unumwundenheit und Entschlossenheit, die jeden Anflug von Ablehnung von vornherein unterbinden sollte, verkündete: »Und jetzt gehen wir zwei zu mir.« Als ich trotzdem den Versuch unternahm, ihr Angebot so höflich wie möglich auszuschlagen, baute sie sich, Hände in die Hüften gestemmt, vor mir auf und fragte: »Du willst mir doch nicht etwa den Abend verderben?«

Zartbesaitetes, scheues Flirten war nach meinen Eindrücken nicht die Sache von Walküren, zu deren Ahnmüttern Frauen vom Schlage einer Freydís Eiríksdóttir zählten. Sie war eine Tochter des Grönland-Entdeckers Erich der Rote und eine Halbschwester Leifs des Glücklichen, der als erster Weißer den Weg nach Amerika fand. Freydís nahm auch selbst an einer Expedition der Wikinger in dieses von ihnen so genannte Vínland teil, berichtet die Saga über den roten Erich. Nach der ersten Überwinterung dort kam es zu Auseinandersetzungen zwischen den Wikingern und den von ihnen als *Skrælingar*, Schwächlinge, bezeichneten Eingeborenen. In einem Kampf mussten die Nordleute vor der Übermacht der »Schwächlinge« weichen. Das war ganz und gar nicht nach Freydís' Geschmack. »Hätte ich eine Waffe, würde ich besser kämpfen als jeder von euch«, beschimpfte sie die Männer, musste ihnen aber wohl oder übel in einen nahen Wald folgen. Dort stieß Freydís, die gerade schwanger war, auf einen gefallenen Landsmann und sein neben ihm liegendes Schwert, das sie unerschrocken sogleich an sich nahm. »Als die Skrælingar sie einholen, reißt sie ihre Brust aus ihren Kleidern und schlägt mit dem Schwert darauf. Da erschraken die Skrælingar, rannten zurück zu ihren Booten und ruderten davon.« – Ich schloss mich ihnen vorsichtshalber an.

*

Mein winziges Holzhaus im Wellblechmantel, den es wie eine Ritterrüstung gegen die Witterung trug, stand an dem Hang, der sich vom Stadtteich zum Wahrzeichen der Stadt, der Hallgrímskirche, hinaufzieht. Ihre Vollendung hat die kleine Nation eine Bauzeit von vierzig Jahren gekostet. Der Entwurf stammt aus den Jahren 1929–37 vom damaligen Leiter des staatlichen Planungsamts, Guðjón Samúelsson, der auch das Hauptgebäude der Universität und das Nationaltheater, das Hotel Borg, das lange Zeit erste Haus am Ort, das Posthaus und weitere Kirchen entwarf. Für die Fassade der Hallgrímskirkja nahm sich der Architekt die damals noch im Bau befindliche Grundtvigskirke in Kopenhagen mit ihrem expressionistischen Westwerk zum Vorbild und machte aus deren stilisiertem Orgelprospekt in Backstein isländischen Säulenbasalt in Beton. Im Osten klebte er ihr einen Chor mit einer Kuppel ähnlich denen von Sacré-Cœur in Paris an. Zwischen Fassade und Chor steht ein schmuckloses, simples Langhaus mit gotisch hohen Klarglasfenstern, das im Inneren wie eine fünfschiffige Basilika gegliedert ist. Das Prächtigste im hellen, aber auch kühl-kargen Innenraum ist die 1992 eingebaute Orgel von Johannes Klais aus der Beethovenstadt Bonn. Draußen stürmt auf einem wie ein Schiffsbug in die Höhe strebenden Sockel ein Standbild von Amerika-Entdecker Leifur Eiríksson himmelwärts. Das ziemlich pathetische Denkmal war ein Geschenk der Vereinigten Staaten zum tausendsten Jahrestag der Gründung des Althings, und die Isländer wussten erst nicht, wo sie es verstecken sollten. Von seinem heutigen Standort laufen mehrere Straßen sternförmig den Hügel hinab in die Stadt und öffnen Blickschneisen bis hinunter zum Meer.

Wenn ich über den Hügel ging, stieg oben immer der Hausberg Reykjavíks jenseits des Fjords, die Esja, ins Sichtfeld. Eines Morgens war sie bis hinab zu den Schläfen ergraut, und von diesem Tag an ließ sich daran, wie der Schnee zusehends tiefer herabreichte, das Näherkommen des Winters ablesen. Allmählich schloss er seinen Belagerungsring um die Stadt. Nach einer kalten Septembernacht lag in der Frühe der erste Raureif auf der kleinen Wiese am Haus. Und nach der Herbst-Tagundnachtgleiche verkürzten sich die Tage zusehends. Nachmittags verdämmerten langsam mehrere blaue Stunden des Zwielichts, in denen schon mehr Licht vom Schnee als vom dunklen Himmel auszugehen schien, und wenn ich morgens aus dem Haus ging, leuchtete mir noch aus dunkler Nacht eine tief stehende, volle Mondscheibe mit der Helligkeit eines Scheinwerfers ins Gesicht.

Infolge meiner regelmäßigen Spaziergänge passte sich mein Pulsschlag mit dem Fortschreiten des Herbstes dem der Stadt allmählich an. Wir synchronisierten unsere Schritte wie ein Paar, das miteinander tanzen möchte. Es war ein schöner Rhythmus, stetig, nicht überhastet, taktfest und doch jederzeit flexibel, um sich Unvorhergesehenem anzupassen. Island sollte mir im Lauf der Jahre beibringen, dass sich nicht alles in der Natur dann erzwingen lässt, wenn wir es gern hätten und es am besten in unseren Terminkalender passt.

Durch den Klimawandel werden wir in Mitteleuropa erst seit einigen Jahren wieder damit konfrontiert, dass Wetter und Naturereignisse katastrophal in unser Leben eingreifen können; in Island lebt man seit jeher im ständigen Bewusstsein dessen. Selten hält man es dort für angebracht, sich für eine genaue Uhrzeit zu verabreden. Man kommt irgendwann im Lauf des Abends oder verabredet sich, besonders auf dem Land, für den »früheren oder den späteren Teil des Tages«. Und das mit gutem Grund, denn das Wetter ist grundsätzlich so unvorhersehbar, dass es einen präzise vereinbarten Termin leicht über den Haufen werfen kann. Auf Grímsey hatten wir eine Kostprobe davon bekommen.

Und noch etwas brachten mir die allmorgendlichen Spaziergänge zu Bewusstsein, nämlich, wie sehr ich es schätze, in einer Stadt ihr Ende sehen zu können, die Grenze, jenseits derer es auch das Andere noch gibt, das nicht Stadt ist, das Draußen, das Land, das Meer, die Natur. Alles, was man so leicht aus den Augen verliert, wenn man sich nur noch in den Straßenschluchten unserer großen Städte bewegt. Obwohl es viel kleiner ist, hat Reykjavík meiner Meinung nach etwas Wesentliches mit dem kanadischen Vancouver gemeinsam: Beide Städte liegen in eine fantastische Natur eingebettet, und beide tragen sie wenig zur Verschönerung dieser herrlichen Umgebung bei. Obwohl man in Vancouver nach einem dort entwickelten (und Vancouverism genannten) städtebaulichen Prinzip versucht hat, die Zusammenballung der Hochhäuser durch niedrige Bauten aufzulockern, kann man lange zwischen den Wolkenkratzern des Central Business District oder den trostlosen Blocks der Downtown Eastside am Vancouver Harbour herumlaufen, ohne etwas von dieser grandiosen Natur draußen mitzubekommen. Und seitdem auch in Island zu viel angehäuftes Kapital in Betongeld umgewandelt wird, werden ausgerechnet direkt entlang der breiten Uferstraße Reykjavíks überdimensionierte Apartmentwohnblocks für Betuchte hochgezogen, die protzig und rücksichtslos dem Rest der Stadt den wunderbaren Blick auf das Ensemble von Meeresbucht und hohem Bergstock dahinter zustellen. Wenn nicht Geld auch die Stadtplanungsbehörde von Reykjavík regierte, hätten diese Hochhäuser zum Wohl der Allgemeinheit nie genehmigt werden dürfen.

Besonders wenn es stürmt, ging und gehe ich darum gern hinaus zur unbebauten Landspitze der Halbinsel Seltjarnarnes mit dem Leuchtturm von Grotta. Sie ragt so weit in den Golf von Faxaflói hinaus, dass sie bei Sturm aus fast jeder Himmelsrichtung eine ordentliche Mütze voll Wind abbekommt. Dann verbinden sich draußen Meer und Himmel unter tief heranfliegenden Wolken, deren Regenschleppen einen undurchdringlichen Wasservorhang bilden. Der Sturm peitscht die Wellen so hoch, dass der Damm hinüber zum Leuchtturm überflutet wird, schaumige Gischtflocken wirbeln durch die Luft, Möwen und Eissturmvögel stieben so umher, dass man sie auch für Gischt halten könnte. In heftigen Böen schnappt einem der Sturm den Atem vom Mund weg; dann kann man sich mit seinem ganzen Körpergewicht auf den Wind legen, ohne in den schwarzen Sand zu fallen.

Ich war bei Strandspaziergängen in der sanft gerundeten Bucht am Seltjörn oft ganz für mich, doch an solchen Sturmtagen ist man dort nie vollkommen allein. Immer stehen dann einige Autos an der Uferstraße geparkt, in denen Reykjavíker sitzen und still den Aufruhr der Elemente betrachten.

»Jeder, der in einer Stadt lebt, wird das Gefühl kennen, sich zu lange in ihr aufzuhalten. – Permanent zwischen Häusern und Straßen zu leben, führt zu einem Gefühl des Eingeschlossenseins und der Kurzsichtigkeit.«

Robert Macfarlane, The Wild Places

Ein winterliches Clair-obscur

Als am Vormittag endlich die Dunkelheit wich, glomm hinter der schartigen Klinge der Bergkette rotes Leuchten auf und setzte den Himmel in Brand. Eine funkelnde Lanzette aus Licht zuckte über die Kammlinie. Zwei, drei, vier und weitere folgten und entfachten pyramidenspitze Gipfel zu Fackeln aus flammendem Fels.

In der Höhe ballte sich das Universum zu einem schieren Blau, dessen Abglanz die langen Schatten auf dem blendend weißen Schnee erhellte. Es löste das rotgoldne Leuchten in Äther auf und hinterließ eine Klarheit, die den Atem stocken ließ: Man glaubte kaum, dass es in dieser absoluten Transparenz Atemluft gab. Nichts trübte die Reinheit dieser Bläue. Auf ihrem Hintergrund explodierte ein Hausdach förmlich in einem Rot, das im Blau sofort gefror.

Nachmittags saß ich im Helldunkel eines sonnendurchwebten Cafés und erholte mich von diesem Licht, das den Tag über herabgepfeilt war. In den Straßen hatte ich einen Mann herumirren sehen, der den Anschein machte, im gnadenlosen Glanz des Winterlichts den Verstand verloren zu haben. Er schlotterte in einer verschossenen Windjacke, hatte Mantel oder Überjacke irgendwo liegen lassen. Das fadenscheinige Haar blies ihm der Wind in die Stirn, und graue Bartstoppeln ließen seine hohlen Wangen eingefallen wirken. Mit einem Stadtplan als Brevier unter dem Arm stand er am Rinnstein einer Kreuzung, schwankte gefährlich vor und zurück, dass die Autofahrer vorsichtig einen Bogen um ihn fuhren, und wiederholte im Delirium des Lichts gebetsmühlenartig: *»La neige, la lumière divine, le bleu et le blanc …«*

Während ich Tee trank und den Passanten zusah, schmolz die Lichtflut des kurzen Wintertags draußen zu einem glutroten Bündel schräg einfallender Strahlen zusammen. Sie ließen mannslange Eiszapfen an den Dachtraufen der Häuser auffunkeln, während die wellblechverkleideten Wände bereits in gerippte Schatten sanken. Die Straßenflucht hinab wusste ich die Aussicht zum eisgrünen Fjord, jenseits den schneegepanzerten Bergstock, scheinbar zum Greifen nah in der polklaren Luft. Drinnen, in dem hohen Raum des Cafés, flochten die Sonnenstrahlen Fäden aus goldenem Licht in den Vorhang der Rauchschwaden. Klänge eines Bandoneons flossen aus Lautsprechern, so gut hierher passend, als schwängen Feuerland und Eisland im gleichen Rhythmus. Auf dem Nebentisch hatte jemand ein Buch vergessen: *Versuch über den geglückten Tag*.

Der stürmische Wind wehte in der Nacht allen losen Schnee im Schatten der Häuser zu Halden und polierte am Morgen den Stahlschild des Himmels. Jede freie Fläche gleißte im Gegenlicht der heraufziehenden Wintersonne. Von den Bergen jenseits der Bucht stäubten lange weiße Fahnen empor.

Erst hielt ich sie für niedrig ziehende Wolken, bis ich beim Verlassen der Stadt erkannte, dass es Schnee war, den der Wind von den Graten riss.

Über einer Galerie von Bogenlaternen markierte eine Reihe dunkler Wassertanks auf einer verschneiten Hügelkuppe die Stadtgrenze. Dahinter ragte das breit hingelagerte Massiv der Esja auf. Über ihren erstarrten Lavaströmen meißelten metallblaue Schatten steile Felsbänder aus geschichtetem Basalt.

Die Straße führte über einen Fluss nach Norden. Die Strömung hielt Risse im Eis offen, zwischen denen Wasser grünlich über milchige Schollen dem Meer zuspülte. Auch die Bucht war über weite Flächen von Eisbrei bedeckt.

Der Wagen schnurrte als roter Schlitten auf dem dunklen Reißverschluss der Straße durch das weiße Tuch über der Landschaft.

Jenseits der großen Meeresbucht schwebte weit draußen in klarem Weiß die beinah abstrakt regelmäßige Form des Snæfellsjökull über der dunkelgrünblauen See.

Andernorts brachten dämmerig weiche Stimmungen oder geheimnisvolle Nebel die Menschen zum Träumen und Spintisieren. Doch Ossian kam nicht von dieser Insel. Hier erzeugten die unbedingte Klarheit der wenigen Farben und die Allmacht des harten Lichts überwirkliche Stimmungen wie kaltes Fieber.

Über der Fahrbahn waberten Schleier von wehendem Schneefegen wie Bodennebel. Als sich der Wagen eine Steigung hinaufschob, wuchsen darüber die in der Bewegung erstarrten Wellen einer tausend Meter hohen Bergkette auf. Von der Anhöhe öffnete sich zwischen dem Bergpanorama und dem treibenden Schnee vor der Frontscheibe der klaffende Spalt eines gewaltigen Axthiebs. Mehr als dreißig Kilometer weit schnitt der Hvalfjörður ins Land.

Auf einem windumbrausten Absatz unterhalb der Straße kauerte ein kleines Kirchlein. So unscheinbar es sich vor dem dunklen Fjord und den mächtigen Eisriesen der Berge auch ausnahm, war es doch einmal Ort einer Begegnung von weltgeschichtlicher Bedeutung gewesen. Im Winter des Jahres 1477 hatte der vormalige Abt des Klosters Helgafell hier einen fremden Seefahrer begrüßt, der auf einem englischen Schiff aus Bristol nach Island gekommen war, um Gerüchten auf den Grund zu gehen, die ihm vermutlich in den Schenken der englischen Hafenstadt zu Ohren gekommen waren. Der frühere Abt und nun Bischof konnte die Gerüchte bestätigen: Jawohl, vor nicht langer Zeit waren Isländer noch regelmäßig zu einem mit Wald bewachsenen Land weit im Westen gesegelt, um von dort dringend benötigtes Bauholz und Holzkohle mitzubringen. In den Annalen seiner Klosterbibliothek habe er Aufzeichnungen über dieses ferne Land im Westen gelesen. – Es gab also Land im Westen des Weltmeers. Mit dieser Auskunft kehrte Christoph Kolumbus umgehend nach Spanien zurück. In seinen Unterlagen hielt er fest: »Im Februar des Jahres 1477 segelte ich nach Ultima Thule.«

Vor Borgarnes schwang sich eine flache Brücke über den nächsten Fjord. Besser noch einmal auftanken. Zur Tankstelle gehörten ein Schnellrestaurant mit mehr als sechzig Sitzplätzen, eine Bank, ein Supermarkt und eine Touristeninformation. Die Touristeninformation war geschlossen, die Bank auf Automatenbetrieb gestellt, im Supermarkt saß ein Schulmädchen blass und unausgeschlafen an der Kasse und blätterte in einem Teenagermagazin, und im Restaurant hockte ein einzelner Fernfahrer über einer Tageszeitung und kaute auf frittierten Hähnchenteilen, die er aus einem Plastikkorb achtlos in seinen fast zahnlosen Mund schob.

Ich setzte mich an eines der großen Fenster. Ein älteres Paar betrat den viel zu großen Gastraum. Es war Sonntag, und die beiden hatten sich anscheinend für einen Ausflug in die Stadt zurechtgemacht. Seine breiten Pranken waren so gründlich geschrubbt, dass sie noch aus der Entfernung rot unter den dunklen Jackenärmeln hervorleuchteten. Ihre Haare waren frisch aufgedreht, das Silbergrau mit einem violettblauen Schimmer überfärbt, der entfernt an das Morgenlicht auf den verschneiten Bergen erinnerte. Beide trugen gleichfarbige Trainingsanzüge aus Ballonseide und an den Füßen, ungeachtet des Schnees draußen, flache Turnschuhe. Sie nahmen jeder ein Tablett und ließen sich von dem Mädchen hinter der Theke gleich mehrere Stücke der vorfabrizierten, mit Zucker vollgestopften Torten auf die Teller laden. Dann erhielten sie noch eine Thermoskanne mit Kaffee und balancierten dieses Festtagsgedeck vorsichtig hinüber zu einem Tisch für zwölf Personen. Dort platzierten sie die Tortenteller um ein Gesteck aus ausgeblichenen Plastiktulpen und begannen schweigend, einen Teller nach dem anderen leer zu putzen. Mir wurde klar, dass sie das Ziel ihres Sonntagsausflugs bereits erreicht hatten.

Die Straße führte zwischen aus dem Schnee ragenden Basaltklippen hindurch und überquerte einen grünen Lachsfluss mit schäumenden Katarakten. Dahinter dehnte sich weites Tiefland: flache Moore, niedriges Gestrüpp. Gesprenkelt wie das Fell eines Schneeleoparden. An einigen Stellen hatte der Wind in den verharschten Schneefeldern savannengelbe Flecken aus erfrorenem Gras freigelegt. Moosbirkendickichte setzten ihnen dunkle Punkte auf.

In der Ferne standen die Gebirgsketten von Snæfellsnes, doch sie hatten alle Zeit der Welt und konnten noch ein paar ihrer langen Atemzüge auf mich warten, während ich zum Meer abbog und auf einer holprigen Nebenstraße dem flüchtigen Licht der Wintersonne entgegenfuhr, die bald wieder in Sinkflug übergehen würde. In dem offenen Gelände war der Schnee weitgehend fortgeweht worden, und es schien, als habe jemand einen großen Spiegel auf den Fahrdamm geworfen: überall blinkten im torfbraunen Schotter die Splitter überfrorener Schlaglöcher. Größere Spiegelscherben lagen als vereiste Tümpel und kleine Seen neben der Straße im Moor. Strohiges Gelb verdorrter Halme, morastiges Braun und das Grau abgestorbener Zweige sprenkelten den winterstarren Sumpf. In Mulden und Vertiefungen lagen Schneereste als stumpfe, körnige Masse.

Das kalt glitzernde Quecksilberband der See wurde zusehends breiter. Bald glitt das Land immer häufiger hinein, tauchte unter durchsichtige Eishäute, sodass ich nicht länger unterscheiden konnte, ob ich noch zwischen Seen dahinfuhr oder bereits eine weite Lagune mit Sandbänken durchquerte. Weit draußen unterbrachen einige flache Dächer und ein winziger Kirchturm auf einer niedrigen Wurt den Horizont.

Der Fahrdamm führte geradewegs darauf zu und endete auf dem Hofgelände. Eine letzte Fahrspur verlor sich dahinter in einer niedrigen, spärlich mit Strandhafer bewachsenen Düne. Ich hielt an, stellte den Motor ab und stieg aus.

Der Wind hatte nachgelassen. Das lauteste Geräusch war das Rascheln, mit dem in einem schmalen Vorgarten erfrorene Blätter aneinanderschabten. Das doppelstöckige Haus dahinter sah fest verschlossen aus, als habe es seit Winteranbruch kein Mensch mehr betreten. Im Eingang war eine Sichel aus angewehtem Schnee bis hinauf zur Klinke fest mit der Tür verbacken. Dennoch empfand ich das unbehagliche Gefühl, beobachtet zu werden, und mochte nicht glauben, dass der Hof gänzlich verlassen war. Aus den Augenwinkeln meinte ich, hinter den blinden Scheiben des Nebengebäudes eine Bewegung wahrzunehmen. Bevor ich genauer hinsehen konnte, kam ein gelber Hund hinter dem Gebäude hervor. Er freute sich, von einem lebendigen Wesen Besuch zu bekommen. Schwanzwedelnd lief er auf mich zu, schnupperte an meinen Hosenbeinen und ließ sich gutmütig die Schulter klopfen. Doch er war nicht der einzige Bewohner dieses Geistergehöfts. Ein alter Mann kam um die Hausecke, in Gummistiefeln und einem schmutzstarrenden, farblosen Overall, der um seine zusammengefallene Gestalt schlotterte wie die Blätter um die vertrockneten Pflanzenstängel. Als er herangekommen war, grüßte er in den umständlichen Formeln eines altmodischen Isländisch: »Sei mir willkommen, guter Mann, Glück und Segen!«

Unter buschigen Augenbrauen und tief herabhängenden Augenlidern blinkte unverstellte Freundlichkeit aus kleinen graublauen Augen.

»Ich wusste nicht, dass die Straße hier endet«, sagte ich. »Doch wo ich nun einmal hier bin, würde ich gern ein wenig am Strand spazieren gehen.«

»Jaja, zu einer der beiden Gruppen musstest du ja gehören, mein Guter. Entweder zu den Kirchenbesichtigern oder zu den Strandspaziergängern. Das sind nämlich die einzigen Sorten von Fremden, die sich hierher verirren. Ich habe nichts gegen die eine und nichts gegen die andere, denn beides geht mich nichts an. Früher, als ich noch mein eigener Herr auf eigenem Grund und Boden war, hätte ich freilich etwas dagegen einzuwenden gehabt, wenn mir die Leute einfach das gute Holz von meinem Strand geklaubt hätten. Was kann man nicht alles mit einer geraden Bohle aus Treibholz anfangen? Aber heute, wo ich gerade noch als Pächter in diesem prächtigen Haus aus Wellblech wohne, kann mir das egal sein, zumal der jetzige Besitzer auch nichts anderes tut, als unnütze Figuren aus dem wertvollen Holz zu schnitzen, wenn er sich im Sommer hier aufhält. Geh also nur und sieh, was im letzten Monat alles angespült wurde von diesem freundlichen Meer da hinter der Düne. So lange bin ich nämlich nicht mehr hingekommen, weil ich keinen Diesel mehr für den Traktor habe.«

»Seit einem Monat warst du nicht mehr im Ort? Wovon lebst du denn die ganze Zeit? Bist du hier allein, brauchst du vielleicht Hilfe?«, fragte ich.

»Ach, weißt du, früher, als ich noch ein selbstständiger Bauer war, habe ich immer gesagt, Unabhängigkeit ist besser als Fleisch, und ein freier Mann lebt gut genug von Salzfisch. Heute reicht es mir, wenn ich mich vor Weihnachten, ehe hier unten dauerhaft der Schnee kommt, im Kaufladen mit dem Nötigsten eindecke. Damit komme ich dann meist bis zur Schneeschmelze aus. Im Übrigen habe ich meine gute Hündin zur Gesellschaft. Und wenn du jetzt bis hierher durchgekommen bist, muss die Straße wieder befahrbar sein. Sonst kommen die ersten Spaziergänger erst nach den Zugvögeln, du bist ein wenig früh im Jahr.«

»Tut mir leid, ich wollte nicht stören.«

»Och, schon gut. So schlimm ist es nun auch wieder nicht. Ich nehme an, du hast genug Sprit, um heute Abend wieder in die Stadt zurückzukommen. Mach also einstweilen deinen Spaziergang, und wenn du willst, führe ich dich nachher durch die Kirche.«

Das erste Stück bis zu einer großen Scheune begleitete mich die gelbe Hündin. Anfangs lief sie freudig voraus, dann blieb sie immer häufiger stehen, winselte und schaute abwechselnd auf mich und zu dem verfallenen Nebenhaus, in dem der Alte wieder verschwunden war. Schließlich hielt sie die Trennung nicht länger aus und rannte laut bellend zurück.

Als ich um die Scheune bog, sah ich, dass sich dahinter eine schmale Nehrung kilometerweit parallel zum Ufer erstreckte und mit dem ausgestreckten sandigen Finger auf den Snæfellsjökull wies, dessen Gipfel nun in blauem Glast verschwamm. Das Meer davor leuchtete nahe dem Strand türkisgrün, weiter draußen war ihm ein aufgewühlter Sepiaton beigemischt. Auf der anderen Seite der Landzunge breitete sich flaches Haff, in dem Strandläufer und Austernfischer auf hohen Beinen herumstelzten und mit orangeroten Schnäbeln Muscheln aufhackten und Schnecken aus dem Schlick spießten. Ihr fleißiges Tick, Tick und gelegentliche Erfolgsrufe, Kliep, Kliep, begleiteten mich länger als eine Stunde. Auch dann war das Ende der Nehrung noch nicht in Sicht, doch unterwegs hatte ich an vielen Stellen mächtige Baumstämme gesehen, die Brandung und Stürme übereinandergeworfen hatten. Jahrelang gelaugt vom Salzwasser, ragten ihre blanken Stämme aus dem Strandwall wie bleiches Walgebein.

Auf dem Rückweg sah ich hinter der flachen Düne ein paar Pferde reglos und mit hängenden Köpfen auf dem hart gefrorenen Boden einer staubig braunen Koppel stehen. Als ich näher kam, trotteten sie mir mit staksigen Schritten müde entgegen. Sie waren entsetzlich abgemagert. Das lange Winterhaar bereits in Büscheln ausgefallen, an kahlen Stellen scheuerten fast die blanken Knochen durchs Fell. Auf dem aufgescharrten Boden stand kein Halm mehr, nur Haufen von vertrocknetem Pferdemist lagen überall umher. Ein Falbe mit schmutzig grauer Mähne lag abgewandt am anderen Ende der Weide und hatte die Beine lang von sich gestreckt. Vielleicht war er vor Hunger und Schwäche zusammengebrochen. Ich ging hinüber, um zu sehen, ob ich ihm aufhelfen könnte, doch das Pferd regte sich nicht. Als ich von hinten um es herumtrat, grinste es mich lippenlos an. Aus blutleerem, schwarzem Zahnfleisch bleckten lange gelbe Zähne. Vögel hatten die Augen ausgestochen und rund um die golfballgroßen Löcher das Fell gerupft, sodass der bleiche Schädelknochen bloß lag. Aus der geplatzten Bauchhöhle hing ein Wust von gefriergetrocknetem Gedärm. Der Kadaver musste seit vielen Wochen hier verrotten. Wenn der Alte ihn überhaupt bemerkt hatte, musste er selbst zu schwach sein, um ihn zu beseitigen.

Als ich wieder den Hofplatz betrat, kam er mir aus seiner Blechbehausung entgegengehumpelt. Vermutlich hatte er mich die ganze Zeit mit dem Fernglas beobachtet.

»Jaja, mein Freund, wolltest du doch keins von diesen hübschen Stöckchen da draußen mitnehmen, oder bist du nicht kräftig genug, sie dir unter den Arm zu klemmen?«, fragte er und kicherte dazu meckernd und kurzatmig. »Früher, da hätte ich dir gern beim Tragen geholfen, aber wenn man so allmählich mehr als erwachsen geworden ist, fällt das Schleppen nicht mehr so leicht.«

Ich war noch immer aufgebracht über die Unanständigkeit, ein totes Pferd einfach zwischen seinen hungernden Artgenossen verwesen zu lassen, und fragte daher unverblümt zurück, ob ich ihm nicht vielleicht eher dabei helfen solle, auf seiner Koppel aufzuräumen.

Der Alte sah mir einen kurzen Moment unverwandt direkt in die Augen, was er bislang sorgsam vermieden hatte, und murmelte dann mit ausdrucksloser Stimme: »Heute sterben die lieben Pferdchen in solchen Wintern. Früher waren es die Mutterschafe und auch die meisten der Kinder, die mir meine beiden seligen Frauen eins nach dem anderen in die Welt setzten, bis sie selbst die Lebenskraft verließ. Drei Söhne sind immerhin erwachsen geworden. Aber was hat man schon davon? Einer ist nach Amerika ausgewandert, den zweiten habe ich in einer Schlucht im Hochland verloren, und der letzte bekam vor langer Zeit bei einer Rauferei mit der Obrigkeit derart eins über den Schädel, dass er nie wieder richtig aufgestanden ist, obwohl er ein kräftiger Bauer auf einem eigenständigen Hof zu werden versprach. Die Tochter, die mir am liebsten war, starb in der gleichen Zeit an der Schwindsucht. Da hatte ich vom selbstständigen Wirtschaften auf der Hochheide genug und zog hierher, auf einen der tiefstgelegenen Höfe des Landes.«

Sein Blick kehrte aus unbestimmter Ferne zurück, und er räusperte sich.

»Jetzt zeige ich dir unsere alte Kirche. Sie ist ein schönes Handwerksstück aus einer Zeit, in der die Menschen in diesem Lande noch zu bauen verstanden und nicht nur Sandburgen aus Zement gossen.«

Der Alte hatte sich in Rage geredet und stapfte in seinen zu großen Gummistiefeln voran zur Kirche. Von außen wirkte sie unscheinbar wie die meisten der kleinen Kapellen auf isländischen Bauernhöfen. Ein schlichter Holzbau, weiß gestrichen und mit rotem Blechdach. Über dem Portal auf der Westseite saß ein kleiner Dachreiter, der in einen winzigen, kaum schulterbreiten Glockenturm gipfelte. Der Alte schloss die schmale Eingangstür auf und ließ mich eintreten. Wo ich vom Alter dunkles Holz und dumpfe Enge erwartet hatte, flutete Tageslicht durch klar verglaste Fenster in das Kirchenschiff. Alle Rahmen und Leisten waren in frischem Weiß und Blau gestrichen, auf die hellgrauen Innenwände aus Fichtenpaneelen hatte jemand mit breitem Pinsel ein Netz aus dunklen Linien gemalt, das der abgelegenen Strandgemeinde wohl eine Ahnung von der Marmortäfelung ferner Kathedralen vorspiegeln sollte. Das Altarbild aus dem 19. Jahrhundert zeigte den Gekreuzigten mitten in der nackten braunen Leere der umliegenden Moore vor einem düsteren isländischen Himmel. Darüber strahlte in naivster Bauernmalerei unter einer himmelblauen Kassettendecke mit vergoldeten Sternen ein dicker gelber Sonnenball. Er beschien mehrere Türme auf dem Topfkuchen eines isländischen Tafelbergs: Ein' feste Burg ist unser Gott.

Der Alte hatte sich auf eine Kirchenbank gesetzt und kaute unbeeindruckt auf seinem Priem.

»Tja, ich weiß ja nicht, was der alte Skallagrímur, der das Land hier als Erster in Besitz nahm, dazu gesagt hätte, dass die Leute heute einen solchen Aufwand mit einem Haus treiben, in dem sie sich versammeln, um Angst voreinander zu haben.«

»Du selbst bist wohl nicht besonders gläubig.«

»Och, wir hatten drüben im Osten mal einen Gemeindepfarrer, der konnte prächtige Schafe züchten, aber ich glaube nicht, dass er dazu viel die Religion benutzte, und so habe ich es auch immer gehalten. Jedenfalls kümmere ich mich nicht um Leute, die glauben, mehr zu sehen, als zu sehen ist. Es ist wohl so, wie ich zum Hund immer sage: Der Mensch findet, wonach er sucht, und wer an Gespenster glaubt, der findet auch welche. Und was man davon hat, das hat mir einmal ein armer Kerl erzählt, der mit seinem Bruder übers Gebirge ging. Eigentlich wollten sie zusammen über die Berge nach Hause gehen, aber weil der eine im Ort noch etwas erledigen musste, ging der andere allein vor. Unterwegs kam wohl ein bisschen Wind auf, und es begann zu schneien. Der Wanderer war jedenfalls froh, als er in dem gesegneten Schneegestöber endlich die Schutzhütte auf der Passhöhe fand, nachdem er schon ein paarmal daran vorbeigelaufen war. In der Nacht rüttelte der Sturm ziemlich arg an der Hütte, und der Ärmste konnte keinen richtigen Schlaf finden. Nachdem er sich eine Weile um und um gewälzt hat, fängt er an, sich einzubilden, irgendein Geist gehe vor der Hütte um und versuche hereinzukommen. Er stopft sich die Ohren zu und will nichts weiter davon wissen. Doch dann meint er, deutliches Klopfen zu hören und wie das Gespenst an der Tür rüttelt. Er springt aus dem Bett und verkeilt die Tür mit einer Sitzbank. Dann verkriecht er sich wieder unter seiner Decke. Als er am nächsten Morgen die Hüttentür öffnet, fällt ihm sein Bruder erfroren in die Arme.«

Draußen hatte sich fahler Bleiglanz über Himmel und Meer gelegt, und der Alte sagte, wenn ich noch über den Pass ins Nordland wolle, solle ich mich besser auf den Weg machen.

Noch über den Mooren löste der Bleiglanz die Sonne auf und breitete ihr Licht als weißlichen Schmierfilm über den Himmel. Als ich die Ringstraße erreichte, dunkelte das metallische Weiß bereits zu stumpfem Grau. Im Norden quollen schiefergelbe Wolken über die verschneiten Höhenzüge. Wo die Straße in das ansteigende Flusstal der Norðurá hineinführte, begann es zu schneien. Der Wind frischte auf und fegte zusehends kräftiger von Norden das Tal herab. Am nächsten Rasthaus wäre ich im dichten Schneetreiben schon vorübergefahren, ohne es zu sehen, wenn nicht ein Bus und ein Räumfahrzeug mit gelb rotierendem Blinklicht neben der Straße gestanden hätten. Für die nächsten zwei Stunden sollten dieses zuckende Blinklicht und die Rückleuchten des Busses das Einzige sein, was ich außer wirbelndem Schnee zu sehen bekam.

Der massige Kegelstumpf eines vor langer Zeit explodierten Vulkans, die Höhenzüge, die das Tal immer mehr einengten, dann auch der Fluss, die gelben Begrenzungspfähle an beiden Straßenrändern und schließlich die Straße selbst, eins nach dem anderen versank, wurde von diesem blinden Wirbeln, das wie aus Schneekanonen auf mich zuschoss, verschluckt. Nur einmal glaubte ich, links von der Straße undeutlich etwas Rotes durch den rasch treibenden Vorhang zu sehen. Vielleicht das Dach der Schutzhütte auf der Passhöhe. Das schattenlose Dämmerlicht war so diffus geworden, dass überhaupt keine Konturen mehr zu unterscheiden waren und ich zeitweise nicht genau wusste, ob ich bergauf oder bergab fuhr.

Niemand kam mir entgegen, die Schneise durch die Verwehungen, die das Räumgerät aufpflügte, schloss sich hinter mir wieder. Der Schneefall wurde dichter und dichter. Die heranwehenden Schleier und Schauer folgten immer rascher aufeinander, bis es keine helleren Zwischenräume mehr gab und ich mitten durch das geschüttelte Kissen der Frau Holle fuhr. Aus der Tiefe seiner dichten Füllung blühten unablässig Sträuße wirbelnder Flocken, die in Schwärmen weiß glühender Feuerwerkskörper der Frontscheibe entgegenstürzten. Ich fuhr hinein und hinein; es verging Viertelstunde um Viertelstunde um Viertelstunde, und die Fahrt wurde zu einem halluzinatorischen Trip in ein bodenloses weißes Flimmern und Flirren, hinter dem keine Welt mehr existierte, nur das irrlichternde Gelblicht und die beiden rot blinzelnden Augen vor mir, die ich auf keinen Fall verlieren durfte.

Nach einer Ewigkeit erreichten wir eine Brücke. Der Bus fuhr hinüber und hielt dahinter, während der Räumlaster stur weiterrollte und Augenblicke später im Schneetreiben verschwunden war, als hätte es ihn nie gegeben. Dann bog der Bus nach links, ich folgte und sah Lichter aufglimmen. Wir hatten die erste Raststätte jenseits des Passes im Nordland erreicht.

Drinnen roch es nach kaltem Frittierfett und bitterem Kaffee. Während ich die Kanne von der Heizplatte nahm und mir einen Becher vollschenkte, verkündete der Busfahrer dem halben Dutzend Fahrgästen, dass er nicht weiterfahre. Sie müssten sich im Rasthof einrichten, bis das Unwetter nachlasse. Für mich wäre keine andere Unterbringungsmöglichkeit geblieben, als mich in einer Ecke des Speiseraums in den Schlafsack zu rollen. Ich fragte, ob es in der Gegend vielleicht einen Bauernhof gebe, der Fremdenzimmer vermietete, kündigte dort telefonisch mein Kommen an und machte mich sofort auf den Weg.

Zu sehen war draußen weiterhin nichts. Der Wind hatte fast Sturmstärke erreicht. Im dunkelnden Zwielicht reflektierte die Wand aus treibenden Schneeflocken das Scheinwerferlicht wie dichter Nebel. Ich ließ den Wagen nahezu blind Richtung Straße rollen, bis ich fühlte, wie die Vorderräder in eine Rille tauchten, schwenkte nach links ein und versuchte, in dieser Spur zu bleiben. Als ich nach der Zahl der gefahrenen Kilometer die Biegung erreichte, an der die Straße aus dem Fjord hinausführen musste, wurde die Sicht ein wenig besser, und ich konnte zumindest wieder die Begrenzungspfähle der Fahrbahn erkennen. So fand ich auch den Wegweiser, an dem ich zu dem Hof abbiegen sollte. Der Fahrweg lag etwas erhöht, und außerdem hatte ich den Wind jetzt im Rücken, sodass ich fast leichter vorankam als auf der Hauptstraße. Nach weiteren zehn Kilometern sah ich unterhalb des Wegs eine einzelne Hoflaterne matt durch das wirbelnde Dunkel schimmern.

»Hi«, sagte die Frau, die mir die Tür öffnete, »how do you like Iceland?«

Sie hieß Sigríður, war vielleicht Anfang dreißig und trug einen Pullover aus weicher Mohairwolle über einem klein geblümten Rock, unter dem ein paar Leggings hervorsahen. Ihre dunklen Haare waren auf dem Rücken zu einem armdicken Zopf geflochten.

Beim Abendessen, das ich mit ihr und ihrem vierjährigen Sohn in der Küche einnahm, sah sie mich aus olivgrünen Augen über ihre schmale Brille hinweg an und sagte: »Es zieht ein Sturm auf.«

»Was heißt aufziehen?«, fragte ich zurück. »Wie nennst du das, was jetzt da draußen los ist?«

Sie verzog die Lippen zu einem milden Lächeln. »Warte mal ab, was wir in Island wirklich Sturm nennen.«

Nach der langen, anstrengenden Fahrt muss ich ziemlich müde gewesen sein, denn gegen meine Gewohnheit wachte ich am nächsten Morgen erst spät auf. Dennoch war es noch immer stockfinster in meinem Zimmer. Ich stand auf und wollte die Rollläden hochziehen, doch es gab keine. Das Fenster war von außen so dicht mit Schnee verklebt, dass kein Lichtschimmer hereindrang. Durch die Scheibe und die dicke Schneeplatte davor hörte ich dumpfes Brausen.

In der Küche brannte Licht, und ein Frühstücksgedeck stand noch unberührt da. Als ich mir gerade Tee einschenkte, kam Sigríður herein und sagte: »Lass dir ruhig Zeit mit dem Essen. Der Tag wird noch lang genug.«

»Soll das heißen, ich komme heute nicht hier weg?«

»Heute nicht und morgen wahrscheinlich auch nicht«, nickte sie. »Wir haben Nordwind, die gesamte Strecke von hier bis Akureyri und weiter nach Osten ist unbefahrbar, haben sie vorhin im Radio gemeldet, und über die Heide zurück nach Süden kommst du sowieso nicht.«

»Ich sitze also fest«, sagte ich.

»Du sitzt fest.«

»Das muss ich mir ansehen.«

»Gut. Dann könntest du mir gleich dabei helfen, die Pferde in den Stall zu treiben, ehe es draußen noch ungemütlicher wird.«

Sie hatte eine unwiderstehlich zupackende Art zu reden, die gut zu ihrer dunklen Stimme passte. Ich konnte mir nur wenige Situationen vorstellen, denen diese Frau nicht gewachsen war.

In einer Art Ankleidekammer im Untergeschoss, in der es kräftig nach Pferd roch, bekam ich einen Overall verpasst. Er war zwei Nummern zu groß, aber wind- und wasserdicht und mit Webpelz gefüttert.

»Hauptsache, man bleibt warm«, sagte Sigríður und stieg selbst in so ein unförmiges Ding. Auf den Kopf setzte sie eine Pelzmütze der Roten Armee mit Seitenklappen, die aussahen, als wären sie aus den Ohren eines Bernhardiners gearbeitet. Auf der Stirn prangte noch der rote Stern mit Hammer und Sichel.

»Die hat mein Mann nach der Maueröffnung am Brandenburger Tor gekauft. Ist ungeheuer praktisch, wenn man im Winter ausreitet.«

Die Tür ins Freie ließ sich nicht öffnen. Erst als wir mit vereinten Kräften daran zerrten, flog sie plötzlich auf. Eine große Schneeplatte fiel ins Innere und zerschellte auf dem Fußboden in faustgroße Klumpen. Der Rest der Platte klebte am oberen Teil der Tür. Den Rahmen füllte eine dicke Eiswand bis in Hüfthöhe. Der Sturm hatte über Nacht versucht, uns einzumauern.

Wir schaufelten den Schnee nach draußen und stiegen über die Eismauer hinaus auf eine Verwehung. Wir befanden uns auf der windabgewandten Seite des Hauses und hörten den Sturm über uns hinwegheulen. Sigríður duckte sich, als sie vor mir um die Hausecke trat, dennoch rechnete ich nicht mit einem derartigen Windanprall und taumelte ein, zwei Schritte zurück, als ich ebenfalls um die Ecke biegen wollte.

Eine kleine Gruppe von Fichten schüttelte sich im Wind, dass die Wipfel seitwärts wiesen, und warf stöhnend eine Schneelast ab, während ich unter dem Luftdruck nach Atem rang. Hart gefrorene Schneekörner prallten mir ins Gesicht, und ich versuchte, die Augen mit der Kapuze abzuschirmen.

Sigríður hatte die noch ein wenig Schutz bietende Giebelwand des Hauses bereits verlassen und stapfte als undeutlicher Schemen über den Hofplatz. Die Sicht betrug vielleicht zehn, höchstens zwanzig Meter; dahinter löste sich alles in einem diffus blaugrauen Halbdunkel auf. Wo ich gestern den Abhang zum Hof hinabgefahren war, lag jetzt eine bald schulterhohe Wanderdüne. Von ihrem messerscharfen Grat riss der Wind einen weißen Vorhang in die Höhe. Vor dem Haus stand die naturgetreue Nachbildung eines Toyotas, für ein Festival der Eisskulpturen aus Schnee geformt.

Sigríður wartete am Grabenrand des Hofbachs und winkte. Beim Näherkommen sah ich, dass im Fell ihrer Mütze, in ihren Brauen und sogar an den Wimpern Eiskrusten klebten. Sie lachte und rief, ich hätte einen hübsch bereiften Bart wie König Winter.

Nach vielleicht zwanzig Minuten, in denen wir uns geduckt gegen Wind und Schnee vorankämpften, erreichten wir einen Weidezaun und fanden kurz darauf in einer geschützten Mulde eine Herde von zwanzig Pferden. Ihr langhaariges Winterfell war dick mit Schnee verkrustet. Alle wiesen dem Sturm in unerschütterlicher Sturheit ihr breites Hinterteil. Als sie uns bemerkten, hoben sie die Köpfe. Sigríður legte eine Hand an den Mund und rief mir zu, ich solle hinter die Herde gelangen und zusehen, dass kein Pferd zurückbleibe. Sie selbst stapfte in die vorderste Gruppe hinein, nahm das Leitpferd am Kinnbart und zog es auf ein Gatter zu. Die anderen schlossen sich an und zockelten ohne Eile hinterher. Ich dachte an die ausgemergelten Gäule des Alten am Meer und hoffte, dass sie das Unwetter in einem Unterstand überleben würden. Diese hier waren in ungleich besserer Verfassung. Der wienernde Sturm schien sie nicht im Geringsten zu beeindrucken.

Sie ließen sich Zeit, bis sich alle in den niedrigen Stall bequemten, von dem nur noch das Dach und die hangabgewandte Seite, die zum Fluss zeigen musste, aus dem Schnee ragten. Aus der Scheune im hinteren Teil holten Sigríður und ich einige Armvoll Heu und streuten sie in die Raufen entlang der Mittelgasse. Dann stellte sie fest, dass die Wasserleitung eingefroren war. Aus einer dunklen Ecke kramte sie einen kleinen Gasbrenner hervor, elektrisches Licht gab es nicht. Mit leisem Fauchen sprang die blaue Flamme aus dem Dunkel, und Sigríður begann unbekümmert um das zundertrockene Heu das Leitungsrohr zu erwärmen.

»Wenn wir es uns leisten könnten, hätten wir längst nach Warmwasser bohren lassen«, sagte sie. »Aber so, wie die Dinge liegen, sind wir schon froh, dass unter unserem Keller eine kalte Quelle aufsteigt. Sonst hätten wir noch eine teure Leitung vom Fluss herlegen lassen müssen.«

Vorne am Wasserhahn begann es zu tropfen, die Kiefer der Pferde mahlten vernehmlich, und die Wärme ihrer zusammengedrängten Leiber schmolz das Eis aus ihrem Fell. Sigríður blieb unerbittlich praktisch: »So, fertig. Die sind versorgt. Lass uns hinübergehen, damit dem Kleinen nicht langweilig wird.«

Im Haus verging der Rest des Tages mit Kaffeetrinken und Gesprächen. Etwa alle zwei Stunden, während Sigríður mit ihrem Jungen spielte oder ihm etwas vorlas, streifte ich den Overall über und ging nach draußen, um wenigstens eines der Fenster freizukratzen. Es machte zwar kaum einen Unterschied, weil der Tag nie über eine düstere Dämmerung hinauskam, aber ich fühlte mich einfach zu eingeschlossen, wenn hinter den Fensterscheiben nichts als gepresste Lagen von Schnee zu sehen waren. Jedes Mal hatte ich das Gefühl, der Sturm habe an Stärke noch zugelegt. Wenn ich um die Hausecke bog, musste ich mich erst am Regenrohr festhalten und mit beiden Füßen einstemmen, ehe ich einen Fuß vor den anderen setzen konnte, um auf der Schneewehe vor dem Haus zu dem großen Fenster im Obergeschoss hinaufzusteigen. Die Fenster unten waren längst tief im Schnee vergraben. Einmal kam, während ich mit dem Eisschaber ein Viereck zwischen den Fenstersprossen freikratzte, aus dem tosenden Halbdunkel ein mannsgroßes Dachblech geflogen und schepperte mit voller Wucht neben mir gegen die Hauswand.

Am Abend klingelte das Telefon. Es war der Nachbar, Sigríðurs Schwager. Er lebte allein auf seinem Hof weit hinten im Tal und hatte einen Stall voll Milchkühe zu versorgen. Er rief an, weil er zum Melken über die Straße musste.

»Wenn ich in drei Stunden nicht wieder angerufen habe, kannst du mich suchen kommen«, hörte ich ihn durch den Hörer sagen.

Nachdem sie aufgelegt hatte, erzählte Sigríður von einem Bauern in der Gegend, der einige Jahre zuvor bei ähnlichem Wetter zum Melken gegangen war, ohne anderen Bescheid zu geben. Tage später, als der Sturm abzog, hätte man ihn weit entfernt vom Stall erfroren auf einer Weide gefunden. Er war vermutlich im dichten Schneegestöber am Stall vorbeigelaufen und dann orientierungslos umhergeirrt, bis er entkräftet zusammenbrach.

In der Nacht erreichte der Sturm Orkanstärke. Ich lag in meinem Bett und lauschte auf die vielfältigen Geräusche. Nun heulte und pfiff es draußen nicht mehr in langen Zügen um die Ecken, sondern ein wütendes Tier sprang mit hechelnden Stößen von einer Hausseite auf die andere und schlug mit eisbewehrter Faust gegen Türen, Scheiben und Wände. Vielleicht war es der Geist von der Passhütte, der da Einlass begehrte. Obwohl die Hauswände aus Beton waren, ächzte und knackte es in der Holzverkleidung des Zimmers. Die Paneele verzogen sich auf den Querhölzern, Schrauben drehten sich quietschend im Holz. Durch den Fußboden übertrug sich ein untergründig brummendes Vibrieren, als wäre das ganze Haus in Bewegung. Es hätte mich nicht übermäßig gewundert, wenn ich am nächsten Morgen wie Chaplin in *The Gold Rush* in einer windschiefen Behausung aufgewacht wäre, die über einem schneebedeckten Abgrund wippt.

Am Morgen war das Haus noch nicht am Abgrund angekommen. Jedenfalls vibrierte es noch genauso wie bei meinem späten Einschlafen. Es war also keine Einbildung im Halbschlaf gewesen: Der Sturm tobte draußen so heftig, dass er ein Betonhaus zum Erzittern brachte. Als ich in die Küche kam, saß Sigríður mit bedrücktem Gesicht am Tisch. Vor wenigen Stunden war eine Lawine auf einen Ort in den Westfjorden niedergegangen und hatte fünfzig Menschen verschüttet. Ihr Mann, der in Reykjavík vom Sturm festgehalten wurde, hatte sie angerufen, weil dort im Westen Freunde lebten.

Wir schalteten das Radio ein. Augenzeugen vor Ort schilderten über knackende Mobiltelefone ihre Eindrücke von der Verheerung. Eine breite Lawine war mitten durch den Ort gerast und hatte die meisten Einwohner im Schlaf überrascht. Etwa ein Dutzend Häuser war völlig zerstört. Die meisten Verschütteten hatten sich selbst befreien können, doch zwanzig Menschen wurden noch vermisst.

»Lass uns rausgehen und etwas unternehmen«, sagte Sigríður.

Wir zogen die Overalls über, und Sigríður packte den kleinen Sindri so ein, dass nur noch ein schmaler Sehschlitz frei blieb.

»Au ja, Mama, Raben füttern«, rief er immer wieder, und tatsächlich trug seine Mutter eine gefüllte Plastiktüte unter dem Arm, als wir hinaus auf die Schneewehe hinter dem Haus stiegen.

Der Kleine hätte sich keine Minute allein auf den Beinen halten können, sobald wir den Windschatten des Hauses verließen. Wir hielten ihn an beiden Händen zwischen uns, und wenn wir ihn über eine Schneewehe hinweghoben, flatterten ihm seine Beinchen voran. Da wir uns aber vom Rückenwind eine Anhöhe hinauftreiben ließen, fand er das Spiel herrlich und schrie vor Begeisterung. Wo jenseits der Kuppe der Windstrom abriss, machten wir halt, und Sigríður zerrte einige abgenagte Lammknochen aus der Tüte. Sindri durfte sie für die Raben im Schnee auslegen. Auf dem Rückweg trug ich ihn auf dem Rücken.

Ich dachte, das Ganze wäre nichts als ein gut gemeinter Zeitvertreib zu Sigríðurs Ablenkung und zur Unterhaltung des Kleinen. Aber noch während wir uns zum Haus zurückkämpften, tauchten dicht über dem Boden zwei große schwarze Schatten aus dem dämmerigen Grau und strichen schneller als die jagenden Schneekörner die Anhöhe hinauf.

Wieder im Warmen, erzählte Sigríður, die Bauern der Umgebung legten noch immer vergiftete Köder für die Raben aus, weil die sich nach dem Lammen im Frühjahr das eine oder andere schwache Neugeborene von den Weiden holten. Für sie aber seien die Raben oft die einzigen lebendigen Wesen, die mit ihren munteren Flugspielen die Monotonie der Winterlandschaft vor ihrem Fenster unterbrachen. Darum ging sie regelmäßig auf den Hügel und brachte ihnen Fleischreste.

»Wie lange liegt denn hier Schnee?«

»Meist von Ende November bis in den April hinein. Manchmal wird es auch Mai. Letztes Jahr schneite es noch einmal Mitte Juni.«

»Und so lange sitzt du am Fenster und schaust den Raben zu?«

»Ja, oft, und ich habe kein schlechtes Gewissen dabei, wenn du das meinst. Hier hat alles seine Zeit. Im Winter sitzt man am Fenster oder schläft viel. Im Sommer findet man dagegen überhaupt keine Ruhe zu schlafen. Da ist es Tag und Nacht hell und viel zu schön, um ins Bett zu gehen.

Zuerst, wenn es im Frühjahr heller wird und der Schnee schmilzt, müssen die Pferde eingeritten werden. Die Stuten fohlen, mein Atli fährt durch die Gegend und sucht bei den Bauern die Pferde aus, die er für das Sommergeschäft hinzuleihen will. Wenn die ersten Reitergruppen aus dem Ausland kommen, ist es mit dem Am-Fenster-Sitzen ganz vorbei. Dann verschwinden auch die Hofraben. Im Herbst, wenn oben im Hochland wieder alles im Schnee versinkt, kommen sie zurück. Dann sind die Touristen weg, und es ist wieder Zeit, aus dem Fenster zu gucken.

Alles, was hier passiert, geschieht in den paar hellen Monaten, und es ist völlig aussichtslos, sich in diesen Wochen dem Wunsch hinzugeben, einmal Ruhe zu finden und abzuschalten. Aber es ist ebenso sinnlos, im Winter viele Aktivitäten entfalten zu wollen. Wenn ich im Sommer Stress habe, denke ich an den Winter und finde meine Ruhe wieder, und wenn ich mich im Winter langweile, träume ich ein wenig dem Sommer entgegen. Das hilft meistens, wenn auch nicht immer. Es ist eben nicht zu ändern. Alles hat seine Zeit.

Wenn du dich damit nicht abfinden kannst oder wenn es dir zu kalt ist, wenn du Angst bekommst, vom Schnee lebendig begraben und erstickt zu werden – ich kenne das alles –, dann nimm ein Verlängerungskabel und den kleinen Föhn aus meinem Badezimmer. Geh hinaus und versuche, den Schnee wegzuschmelzen. Das ist eine lehrreiche Therapie«, lachte sie.

Ich hatte immer geglaubt, solche Frauen begegneten einem im Leben etwa so häufig wie Elfen auf einer Waldlichtung im Mondschein.

Es muss um die Mittagszeit gewesen sein, als plötzlich jemand in den Aufenthaltsraum trat, wo ich in einem Buch las. Der Besucher hatte die Stiefel im Ankleideraum abgestreift und kam auf Wollsocken so leise die Stufen herauf, dass ich ihn trotz seiner Größe erst bemerkte, als er gebückt durch die Türöffnung trat. Er hatte bürstenartig kurz geschnittenes rotes Haar, das auch seine Wangen mit einem rostroten Dreitagebart überzog, graublaue Augen, von denen das linke ein wenig nach außen schielte, und die größten Hände, die ich je bei einem Menschen gesehen hatte. Er hieß Guðjón, wurde aber nur Kleiner Gaui genannt und war Sigríðurs

Schwager, der trotz Sturm in den nächsten Ort wollte, um einzukaufen.

»Ich kann dir etwas aus unserer Kühltruhe geben«, sagte Sigríður.

»Nein, nicht nötig. Ich fahre lieber und wollte nur fragen, ob ich euch etwas mitbringen kann.«

»Ich denke, für diese Woche haben wir noch genug von allem. Aber vielleicht könntest du mir eine Flasche Rotwein mitbringen. Du weißt schon, den Spanischen, den ich ganz gern trinke.« Dann wandte sie sich an mich. »Wie wär's? Willst du nicht mit ihm fahren? Ein wenig Abwechslung täte vielleicht ganz gut.«

Oben auf dem Weg wartete mit bullerndem Motor ein Ford Econoline auf traktorgroßen Reifen. Aus ihnen war so viel Luft herausgelassen, dass jeder Pneu mit einer mehr als halbmeterbreiten Auflagefläche auf dem Schnee ruhte. Ich kletterte auf den Beifahrersitz. Gaui litli schaltete zusätzlich zwei Dachscheinwerfer ein, die massive Lichtkegel in das noch immer undurchdringliche Gemisch aus Halbdunkel und heranpreschenden Schneeschauern stanzten. Die acht Zylinder rumorten auf, die groben Reifenprofile griffen in den Schnee, und das schwere Fahrzeug walzte wie auf Gleisketten über Verwehungen hinweg.

»Bei solchen Verhältnissen genehmigt er sich mehr als dreißig Liter«, sagte Gaui mit unverkennbarem Stolz in der Stimme, als er meinen Blick auf die Armaturen bemerkte.

Sonst sprach er die ganze Fahrt über kaum. Nachdem er sich erkundigt hatte, wann ich angekommen war, hatte er seiner Meinung nach die Anstandspflicht einer Konversation zur Genüge erfüllt und gab auf Fragen nach den Verhältnissen auf seinem Einsiedlerhof höchst einsilbige Antworten.

Den Weg kannte er auch ohne ihn zu sehen und wusste genau, wo er einer unsichtbaren Kurve folgen musste, um nicht über den Stacheldraht eines verwehten Weidezauns zu fahren. Im Wageninnern war es so überheizt wie in den meisten isländischen Wohnungen, und bis auf ein gelegentliches Schaukeln in den Aufbauten hatte der Sturm keine größere Wirkung auf den schweren Wagen.

Viel schneller, als ich gedacht hatte, erreichten wir die Hauptstraße, die ebenso verweht war wie der Nebenweg, und fuhren darauf nach Nordosten, der kleinen Ortschaft im nächsten Fjord entgegen.

Irgendwann rumpelte unter uns der Rost eines Viehgitters, dessen im Boden eingelassene Rohre umherziehende Schafe vom Überschreiten der Weidegrenzen abhalten sollen. Dann passierten wir das verschwommen durch den Schneefall geisternde Neonschild einer Tankstelle, und schließlich tauchten die Umrisse von Häusern rechts und links der Straße aus dem weiß schraffierten Grau. Von den Zufahrten war nichts zu sehen; doch manchmal schienen dunkle Gänge aus den Schneewehen hervorzukommen, die auf einer Straßenseite bis zum zweiten Stockwerk der Häuser hinaufreichten.

Da ich unterwegs erwähnt hatte, dass ich die Gelegenheit nutzen wollte, einen Brief abzuschicken, setzte mich Guðjón vor dem Postamt ab und meinte, ich könne dort auf ihn warten, bis er seine Besorgungen erledigt hätte. Ich gab also meinen Brief auf, kaufte noch eine Ansichtskarte und setzte mich damit an ein kleines Tischchen, auf dem die übliche Thermoskanne mit Kaffee und einige Plastikbecher bereitstanden. Die Frau am Schalter war offenbar froh, einen Kunden zu haben, und fragte mich quer durch den Schalterraum alles, was Gaui nicht interessiert hatte, und vieles mehr. Schließlich steckte ich die Postkarte unbeschrieben in die Tasche und ging.

Draußen war der 700-Seelen-Ort im Schnee versunken. Er lag auf einer niedrigen Terrasse über dem nach Norden geöffneten Fjord. Der Sturm prallte auf die Höhenzüge in seinem Rücken und warf seine Schneelasten gegen die Hänge, von wo aus sie in dichten Schwaden auf den Ort hinabstäubten. Aus blinzelnden Augen sah ich auf meinem Weg durchs Zentrum eine Handvoll im Sturm wankender Gestalten, die nicht nur in ebensolchen Overalls steckten wie ich, sondern für ihren Gang zum Bäcker oder Friseur auch die Gesichter mit Gesichtsmasken und großen Skibrillen verhüllt hatten. Wie Froschmänner, die durch eine gischtende Brandungswelle an Land waten, tauchten sie aus den sprühenden Schauern, stapften als dunkle Schemen an mir vorüber und verschmolzen wieder mit dem aufgewühlten Chaos.

Es vergingen noch zwei ganze Tage, ehe sich die Kraft des Orkans allmählich austobte. Am ersten fiel nachmittags für einige Stunden der Strom aus, und es wurde nicht nur dunkel, sondern auch rasch kühl im Haus, das elektrisch beheizt wurde. Sigríður meinte, es sei wohl das Beste, wenn wir uns für den Abend alle drei gemeinsam in einem Raum einrichteten, und führte mich in ihr Wohnzimmer. Dort steckten wir ein Dutzend Kerzen an, öffneten die Rotweinflasche und wechselten uns darin ab, dem kleinen Sindri Geschichten zu erzählen. Der Kleine rückte näher und kuschelte sich zwischen seine Mama und mich. Genüsslich steckte er den Daumen in den Mund und murrte zum Zeichen, dass wir fortfahren sollten.

Nach dem Aufwachen blieb ich still im Dunkeln liegen und versuchte, anhand der Geräusche zu ermessen, ob der Sturm nachgelassen hatte. Alles war unverändert. Das Tosen des Windes wie ein entfernt dröhnender Wasserfall, vereinzeltes Stöhnen im Holz der Wandtäfelung, leise brummendes Beben im Fußboden. Ich stand auf und ging ins Bad. Der Strom war am Vorabend wieder angesprungen, als der Kleine gerade eingeschlafen war und ich zusah, wie Sigríður's kräftige, sichere Hände die ersten heruntergebrannten Kerzen durch neue ersetzten. Mit einem Schlag hatte die Deckenbeleuchtung das Zimmer in grelles Licht getaucht und die Stereoanlage mitten in einem blödsinnig albernen Schlager eingesetzt.

Da es nicht einmal möglich war, den Tag hinzubringen, indem man am Fenster saß und den Raben zuschaute, nahm ich mir vor, die nutzlosen kleinen Rituale wieder aufzunehmen, die zumindest den Anschein eines Geschehens wecken konnten. Also stieg ich schon vor dem Frühstück in den Overall und ging hinaus, um das Fenster im Obergeschoss freizulegen. Der Himmel war noch immer dunkel bedeckt, aber eine Spur heller als an den vorangegangenen Tagen. Es hatte aufgehört zu schneien. Doch lagen genügende Mengen von pulvertrockenem Schnee über der Landschaft, die der Sturm in dichten Wolken aufjagte. Meterhoch war die Luft von dichtem Schneefegen erfüllt, das die Aussicht verdeckte.

Am Nachmittag befand ich mich mit Sigríður in einem großen Raum im Untergeschoss, der im Winter zum Wäschetrocknen genutzt wurde. Ich hatte mich erboten, ihr beim Zusammenlegen der Betttücher zu helfen, und wir hatten gerade ein großes Laken stramm gezogen, da hielten wir beide unwillkürlich inne. Etwas fehlte. Der dumpfe Orgelton des Sturms, der sich seit fünf Tagen ohne Unterlass durch die Wände und Böden des Hauses auf uns übertragen und als ein steter Resonanzton in unserem Unterbewusstsein gebrummt hatte, war verstummt. Wir sahen uns an.

Dann sagte Sigríður leise: »Der Sturm hat nachgelassen.«

»Ja.«

»Es dauert sicher noch, bis der Weg hier heraus zu uns geräumt wird. Wir könnten vielleicht morgen einen Ausritt machen, ehe du fährst. Du kannst doch reiten? Die Pferde brauchen Bewegung.«

»Ja, gern.«

Die Pferde schnaubten ungeduldig, als wir am nächsten Morgen den Stall betraten.

»Kannst du wirklich reiten?«, fragte Sigríður und maß mich mit einem schrägen Blick von der Seite.

»Ein angeblicher Freund in Holland hat mich mal auf eins seiner Springpferde gesetzt und ist mit mir querfeldein und durch einen Wald geritten, in dem auch Schlagbäume standen. Ich bin oben geblieben.«

»Hm. – Sattel mal den Braunen da hinten!«

Damit sprang sie von der erhöhten Mittelgasse in den tiefer liegenden Pferch, öffnete die Stalltür und trieb die anderen Pferde mit leisen Rufen hinaus auf die tief verschneite Koppel. Für sich selbst wählte sie eine Fuchsstute mit leuchtend weizengoldener Mähne, während ich mich abmühte, den Schwarzbraunen aufzuzäumen. In seinem Langhaar schimmerten Strähnen von tiefem Mahagoni wie schwach glimmende Glühfäden.

»Früher war er mal ein ziemlicher Rabauke, und wegen der

kleinen Blesse auf der Stirn rufen wir ihn meist Lause-Blesi. Du darfst ihm aber gern einen würdigeren Namen geben.«

Die Trensen bestanden aus einfachen Kopfstücken ohne Stirn- oder Kinnriemen. »Überflüssig und viel zu umständlich beim Pferdewechsel«, lautete Sigríðurs Kommentar, während sie ihrer Stute mit einem grobzinkigen Metallkamm das Winterfell entfilzte.

Die Steigbügel schnallte ich auf ihre Anweisung so lang, dass meine Beine nach dem Aufsitzen fast gestreckt waren.

»Im Tölt sitzt man auf diese Weise am bequemsten.«

»Ist es ihnen wirklich egal, ob man von links oder von rechts aufsteigt? In unseren Reitschulen lernt man etwas anderes.«

»Warum? Musst du beim Aufsitzen noch immer darauf achten, dich nicht mit einem Kavalleriesäbel zwischen den Beinen zu verletzen?«, fragte sie und grinste. »Wir steigen absichtlich mal von dieser und mal von der anderen Seite auf, damit die Tiere nicht scheuen, wenn sich ihnen jemand von der falschen Seite nähert. Du könntest deinen Braunen auch von hinten über die Kruppe besteigen, wenn es dir Vergnügen machte. Ich glaube, er würde nur die Ohren drehen und sich wundern. So wie ich.«

»Ich hoffe, unterwegs zeigt er ein klein wenig mehr Temperament.«

»Keine Angst! Wenn ihm erst einmal der Wind in die Nüstern fährt, wirst du ihn mehr halten als treiben müssen. Sie sind verrückt, diese Biester. Je schneidender es bei einem Ausritt weht, desto mehr Spaß haben sie.«

Das konnte unmöglich für meinen Klepper gelten. Lause-Blesi watete missmutig mit vorgestrecktem, fast hängendem Kopf durch die brusthoch verschneite Mulde, in der Koppel und Stall lagen. Im Vergleich mit Sigríðurs Stute machte er den Eindruck, noch gar nicht aus seinem dösigen Halbschlaf im dunklen Stall erwacht zu sein. Schleppend setzte er einen Huf vor den anderen und stolperte immer wieder über Unebenheiten im Untergrund. Die Stute schritt dagegen kräftig aus und hatte den Anstieg hinauf zur Straße schon fast bewältigt. Doch als er endlich oben auf dem ungeschützten Fahrdamm ankam, wo es noch kräftig wehte, nahm Lause-Blesi den Kopf hoch, ließ die Ohren spielen und witterte. Mit jedem prüfenden Atemzug mehr verwandelte er sich von einem müden Zossen in ein zunehmend unternehmungslustiges Wesen. Schnaubend sog er die Luft ein, als wolle er sich mit Wind vollpumpen. Ein Vorderfuß scharrte ungeduldig im Schnee. In seinen nun wach und aufmerksam spähenden Augen spiegelte sich die ganze unendliche Weite der isländischen Landschaft, wie sie aus den allmählich verrauchenden Schneeschleiern trat. Man sah jetzt durch sie hindurch nach Osten über die Flussniederung bis zu den gegenüberliegenden Hügelketten, und auf ihrer Flussseite dehnten sich grenzenlose Schneefelder unter einem grafitgrauen Himmel.

Auf die leichteste Aufforderung hin setzte sich der Braune in Bewegung und sprang dann gleich in einen munteren, etwas holprigen Trab, der wegen seiner kurzen Beine und des kurzen Rückens so schnell getaktet war, dass es kein großes Vergnügen machte, ihn auszusitzen. Banner aus Schneerauch flankierten unseren Weg und verschwammen in den Tränen, die mir der Wind in die Augen trieb. Dazu stachen kleine Eisnadeln in mein vom Frost gespanntes Gesicht.

Eine Zeit lang sah ich nur die schwarze Mähne vor mir, die in dichten Büscheln über dem hellen Schnee auf und nieder wallte. Der langhaarige Stirnschopf wehte als Standarte vor uns her.

Wie Sigríður es mir zeigte, verlagerte ich mein Gewicht nach hinten, spreizte die Unterschenkel nach vorn weg und nahm die Zügel an. Willig verfiel der Braune in den viel angenehmeren, gleichmäßigen Viertakt des Tölts. Ich fühlte mich sicherer und sank endlich tiefer in den Sattel, wo mir der kräftige Pferderücken nun weich entgegenkam und mich in seinen elastisch schwingenden Rhythmus einweihte. Nichts erschien mir plötzlich einleuchtender als das Bild des Zentauren für einen mit seinem Pferd verwachsenen Reiter. Bald schwebten wir wie auf einem fliegenden Teppich über den aufstiebenden Pulverschnee.

»Wie geht's?«, fragte Sigríður, als ich auf ihre Höhe kam.

»Sagenhaft!«, meinte ich und strahlte. Vom beißenden Frost spürte ich nichts mehr. Zu sehr pulste die vom Pferdeleib aufsteigende Lebenskraft und Daseinsfreude durch mich hindurch.

Wir ritten über eine flache Weide nach Norden. Die Beine unserer Pferde flogen immer schneller über den Schnee. Aus unbändigem Bewegungsdrang gingen beide in einen mühelos wirkenden Galopp über. Sigríður lenkte ihre Stute nach Westen, und mein Brauner folgte ohne weitere Einwirkung. Der weiche Schnee dämpfte den Hufschlag, nicht aber die raumgreifenden Galoppsprünge der Tiere. Mit unverminderter Geschwindigkeit preschten sie Anhöhen hinauf, und mit unglaublicher Trittsicherheit jagten sie auf der anderen Seite im stiebenden Schnee wieder hinab. Zwischen Himmel und Erde flogen sie der unerreichbaren Ziellinie des Horizonts entgegen, an der sich das kühle, monochrome Grau des Himmels und das unberührt leuchtende Weiß trafen. War es überhaupt die Erde, über die wir dahingaloppierten, oder war es die gewellte Oberseite einer dichten Wolkendecke, unter der die Erde in tiefen Abgründen verborgen lag? Waren wir nicht die Wilde Jagd, die über Wolken dahinritt? Oder waren wir das Geschwisterpaar Tag und Nacht, das auf seinen Pferden über das Himmelsgewölbe zog, den Mond und die Sonne an ihre Schweife gebunden?

»Ich weiß jetzt, welchen Namen Lause-Blesi verdient«, rief ich Sigríður zu, die an meiner Seite ritt.

»Lass hören«, rief sie zurück.

»Ich taufe ihn Hrímfaxi.«

»Sage mir, Nutzrater, wie heißt das Ross, das von Osten die Nacht aufzieht nach dem Ratschluss der Götter?«, brüllte Sigríður mit Walkürenton in den Wind.

»Reifmähne heißt es, und Schaumflocken fliegen jeden Morgen aus seinem Zaum. Daher kommt der Tau auf die Täler«, rief ich ebenso laut deklamierend zurück.

»Dann sage mir, Nutzrater, wie heißt das Pferd, das den Menschen den Tag heraufbringt?«

»Skinfaxi heißt das beste der Pferde, und seine Mähne erleuchtet den Menschen den Tag.«

»Gut, die Startnummern sind verteilt. Jetzt lass uns sehen, wer zuerst unter der Leitung da vorn durchreitet«, rief Sigríður übermütig und schoss mit ihrer Stute davon. Ich brauchte den neu getauften Hrímfaxi kaum aufzufordern, ihr nachzusetzen; doch als wir Stück für Stück aufholten, oder sie uns näher herankommen ließ, nahm Sigríður ihre Mütze ab und wedelte damit leicht neben der Hinterhand der Stute. Daraufhin machte die sich lang und stürmte uneinholbar als Erste unter dem Zielband der Überlandleitung hindurch. Der Tag hatte die Nacht besiegt.

»Weißt du, wie mein Großvater sein Lieblingspferd nannte?«, fragte Sigríður auf dem Heimweg.

»Nein.«

»Sein tanzendes Heiligtum.«

Am Nachmittag saßen wir am Kaffeetisch und konnten zum ersten Mal durch die freigelegten Fenster über die verschneiten Weiden blicken. Da klang auf einmal, ganz fremd und unvertraut, von ferne Motorengeräusch auf. Der Schneepflug kam. Mit der bewusstlosen Unbeirrbarkeit eines dicken schwarzen Käfers fraß er sich durch den Schnee. Schon lief ein gelbliches Schillern vom Kopf her über seinen glänzenden Panzerleib mit der weiß-roten Bänderung. Bald würde er sich durch die schützende Wehe vor der Hofeinfahrt bohren und seine breite Fühlerschaufel misstrauisch witternd auf uns richten. Die Welt kehrte zurück.

Sie wird ins Dasein geschrieben

Als Bruce Chatwin im Dezember 1982 mit seinem Montblanc-Füllhalter und mehreren Moleskine-Notizheften aus seiner Pariser Stammpapeterie in Australien landete, war es seine Rettung als Autor, dort nach einigen Wochen, in denen er sich ziemlich konzeptlos durch die Szene von Sydney und am Bondi Beach vögelte, die Theorie und das Konzept der Songlines oder Traumpfade der Aborigines für sich zu entdecken.

Nach dem Erfolg seiner Erzählung *Auf dem Schwarzen Berg*, so hatte er seiner Frau vor seiner Abreise anvertraut, plagten ihn immense Schwierigkeiten, sich ein neues Thema vorzunehmen. Neben Ideen zu anderen Projekten trug er seit zwölf Jahren Notizen, Entwürfe und vom Verlag abgelehnte Skizzen zu einem Werk mit sich herum, das er *The Nomadic Alternative* nannte. Chatwin sah sich gern selbst als eine Art moderner Nomade und kultivierte dieses Image, indem er, wo immer sich die Gelegenheit bot, in Kakishorts und Wanderstiefeln in Erscheinung trat. Bei dem französischen Schauspieler Jean-Louis Barrault, unvergessen als Pierrot im

Film *Kinder des Olymp*, hatte er einen Rucksack gesehen, den er sich von einem englischen Sattler in Handarbeit nachbauen ließ und der zu seinem ständigen Begleiter wurde, den er selbst in seiner Wohnung so aufhängte, dass er ihn von überall her sehen konnte. Am Ende seines Lebens reichte Chatwin den Rucksack wie ein Vermächtnis an Werner Herzog weiter.

Da sich sein großes Buchprojekt zu diesem Thema aber immer wieder seinem Zugriff entzog wie ein Nomade, der auf Walkabout geht, stopfte Chatwin Ende Januar 1983 sein Material in den Rucksack und flog nach Adelaide. Dort klopfte er an die Tür der Witwe von Theodor Strehlow. Ted Strehlow war als Sohn eines lutherischen Missionars in der Missionsstation Hermannsburg mitten im Outback unter Aborigines aufgewachsen. Aranda war nach Deutsch seine zweite Sprache. Englisch lernte er erst später. Von seiner Universität in Adelaide hatte er ein Stipendium zur Erforschung der Kultur der Aranda bekommen, und da sie ihn von früh auf kannten, hatten ihn die Stammesältesten in ihr sonst vor Weißen streng geheim gehaltenes Wissen eingeweiht, denn sie fürchteten, es könnte mit ihnen aussterben, weil die Jungen unter dem Einfluss der Missionare nicht mehr sonderlich am Erhalt der alten Traditionen interessiert waren. Erst nachdem alle seine Gewährsleute längst gestorben waren, hatte Strehlow sein Hauptwerk *Aranda Tradition. Songs of Central Australia* veröffentlicht, und Chatwin war bei seinen Recherchen darauf gestoßen. Die Gesamtauflage von nur tausend Exemplaren war allerdings komplett vergriffen, und darum fragte er, wie er es meist zu tun pflegte, direkt an der Quelle nach, bei der Witwe Strehlows. Sie bat ihn ins Haus, überließ ihm ein ungebundenes Probeexemplar, zeigte ihm auch Strehlows Sammlung von Aborigine-Artefakten und gewährte ihm Einblick in dessen Tagebücher.

»Endlich! Ich habe die richtige Formel für das Buch gefunden«, schrieb Chatwin seiner Frau nach diesem Besuch. Und sein Biograf Nicholas Shakespeare ergänzte später: »In Strehlows Werk fand er eine Struktur, an der er nicht nur seine Nomadentheorien aufhängen konnte, sondern mehr oder weniger alles in seinen Notizheften.«

Einer der Kernsätze zu Beginn von Chatwins *Traumpfaden* fasst seine Vorstellung vom mythischen Denken der australischen Ureinwohner so zusammen: »Schöpfungsmythen der Aborigines berichten von den legendären totemistischen Wesen, die einst in der Traumzeit über den Kontinent wanderten und singend alles benannten, was ihre Wege kreuzte – Vögel, Tiere, Pflanzen, Felsen, Wasserlöcher –, und so die Welt ins Dasein sangen.«

Der Poesie dieser Formulierung und der Vorstellung, die sie evoziert, kann man sich schwer entziehen. Die Welt ins Dasein singen – das klingt ungleich poetischer als unser prosaisches »Im Anfang war das Wort«.

Chatwin steht hier wie die deutschen Romantiker in der Nachfolge Herders und seiner *Abhandlung über den Ursprung der Sprache*. Im Porträt seines Freundes, des Komponisten Kevin Volans, hat Chatwin Herder denn auch ein wenig verkürzt, aber fast wörtlich zitiert: »Die erste Sprache war Gesang.«

Viele Isländer können sehr gut singen, und sie tun es gern und bei vielen Gelegenheiten, besonders in den Hütten der Wandervereine, den einzigen Übernachtungsmöglichkeiten oben im Hochland, wo man ihnen nicht entkommen kann. Manche ihrer Männerchöre sind landesweit berühmt und gehen auf Konzertreisen. Über einen lief gerade ein Film in den Kinos, als ich nach Island kam, Regisseurin war Gudný Halldórsdóttir, die Tochter von Halldór Laxness. Aber dass sie Island ins Dasein gesungen hätten, das lässt sich von den isländischen Aborigines nicht behaupten. Die Isländer haben ihre Insel ins Dasein geschrieben.

In Mitteleuropa reichen die frühesten Spuren menschlicher Besiedlung bekanntlich zurück bis in die Altsteinzeit vor mindestens 600 000 Jahren. Sie bestehen aus Kieferknochen und anderen Skelettteilen, Gegenständen aus Stein und Knochen und aus Holz, wie die altsteinzeitlichen Speere aus Schöningen bei Helmstedt oder die Eibenholzlanzen der Neandertaler im ebenfalls niedersächsischen Lehringen. Die frühesten schriftlichen Quellen über unsere Vorfahren aber sind die Berichte antiker Autoren aus den letzten vorchristlichen Jahrhunderten. Dazwischen klafft ein Abgrund von mehr als einer halben Million Jahren des Schweigens, wenn wir einmal von den schwer zu deutenden Felsmalereien in den Höhlen Frankreichs und der Iberischen Halbinsel oder dem rätselhaften Löwenmenschen vom Hohlenstein-Stadel absehen. Wir haben fast nichts, was die archäologischen Funde mit konkreten Menschen verbinden könnte. Doch wer lebte vor uns hier? Wo liegen unsere Anfänge? Beim *Homo erectus heidelbergensis* oder dem Neandertaler? Erschien der Mensch erst im Holozän, wie Max Frisch wollte? Was kennen wir schon von den Bandkeramikern außer ihren Scherben und Teilen ihrer DNA? Archäologen unserer Tage unterscheiden immer mehr prähistorische Menschengruppen oder Kulturen nach der Art, wie sie ihre Kochtöpfe verzierten, doch sind diese Unterscheidungen letztlich nur Hilfskonstrukte.

Abgesehen von singulären Zufallsfunden wie dem des »Ötzi« und vielleicht noch der hingemeuchelten Familie in den spätsteinzeitlichen Gräbern von Eulau bei Naumburg an der Saale sind die Menschen, die in urgeschichtlichen Zeiten Mitteleuropa besiedelten, bis heute ungreifbare, namenlose Schemen geblieben. In der kurzen Geschichte Islands – was bedeutet schon ein Jahrtausend? – liegen die Verhältnisse vollkommen anders.

> »Island wurde zuerst von Norwegen aus besiedelt, in den Tagen Harald Schönhaars, des Sohnes von Halfdan dem Schwarzen. Nach Meinung und Berechnungen meines Ziehvaters Teitr, des wissensreichsten Mannes, den ich kenne, eines Sohns von Bischof Ísleifr, sowie meines Onkels Þorkell Gellisson, der sich weit zurückerinnern konnte, und auch von Þóriður, der Tochter des Goden Snorri, die sich in vielem auskannte und nicht zum Lügen neigte, trug sich das um die Zeit zu, als Ragnar Loðbrók den Angelnkönig Eadmund den Heiligen erschlagen ließ, und das ereignete sich im Jahr 870 nach Christi Geburt, wie es in seiner Geschichte geschrieben steht. Ingólfr hieß ein Mann aus Norwegen, von dem glaubhaft berichtet wird, er sei als Erster von dort nach Island gefahren.«

Das sind die ersten Sätze in der alten isländischen Handschrift, die die Überschrift *Íslendingabók* trägt, »Buch der Isländer«. Wir wissen ziemlich genau, wer es wann geschrieben hat. Dem Buch sind nämlich eine Art Zueignung an die seinerzeit amtierenden Bischöfe Islands und der Stammbaum einer Familie am Breiðafjörður nördlich der Halbinsel

Snæfellsnes beigegeben. Er liest sich ungefähr wie ein Gotha der isländischen Frühgeschichte. Generation folgt darin auf Generation bis zu einem frühen Einwanderer nach Island, einem gewissen Ólafr mit dem irischen Beinamen Feilan; das bedeutet kleiner Wolf oder Welpe. Seine Großmutter mütterlicherseits soll die Tochter eines Irenkönigs mit Namen Myrkjartan gewesen sein; vielleicht eine nordische Schreibung des irischen »Muircheartach«, Seekrieger. Über die väterliche Linie Ólafs wurde eine der literarisch bedeutendsten Sagas geschrieben, die *Saga von den Leuten aus dem Laxárdal*. Die Stammmutter dieser Leute, Unnr, war eine der einflussreichsten Landnehmerinnen, die je nach Island gekommen sind, und eine höchst beeindruckende Frau, jedenfalls in ihrer literarischen Ausformung in der Saga. Ihr Mann Ólafr hvíti, der Weiße, wird in mütterlicher Linie als Enkel eines dänischen Königs bezeichnet, er selbst war ein Seekönig der Wikinger, ein König ohne Königreich also, der aber zeitweilig Dublin regierte (in irischen Annalen taucht er unter dem Namen Amlaib auf), und sein Vater war ein Urenkel von Halfdan Hvítbein, dem ersten Norwegerkönig aus dem eher sagenhaften Geschlecht der Ynglinge. Dessen Namensgeber, ein König Yngvi, steht am Anfang des Stammbaums. Wer sich damals noch in der alten, vorchristlichen Mythologie auskannte, wusste, dass Yngvi ein Beiname des Fruchtbarkeitsgottes Freyr war.

Der bedeutendste isländische Geschichtsschreiber, Snorri Sturluson, stellte um 1230 nahezu denselben Stammbaum der Ynglinge an den Anfang seiner Geschichte der norwegischen Könige, der *Heimskringla*, und berief sich seinerseits als Quelle auf ein altes Gedicht, das *Ynglingatal* des norwegischen Skalden Þjóðólfr ór Hvíni vom Anfang des 10. Jahrhunderts. Für die Mitglieder der im *Isländerbuch* vorgestellten Einwandererfamilie wurde also nicht weniger behauptet, als dass sie von Königen und letztlich womöglich von Göttern abstammten.

Edle Abstammung, Gleichrangigkeit mit Königen reklamierten die Isländer fortan immer wieder für sich, sie sind ein fester Bestandteil ihres Gründungsmythos als Nation und ihres nationalen Selbstverständnisses geworden. Es ist genau die Haltung, mit der Bauer Steinar Steinsson im *Wiedergefundenen Paradies* dem Bauern und König Christian Wilhelmsson aus Südjütland gegenübertritt. Noch stolzer ist sie wohl nur in der Saga über den Wikinger und Dichter Egill Skallagrímsson dargestellt worden: Egill hat in einer Schlacht, in der er für den englischen König kämpfte, seinen Bruder verloren, der ihm sehr nahestand. Als Wiedergutmachung streift der König am Abend nach der Schlacht einen Goldreif von seinem Arm, steckt ihn auf die Spitze seines Schwerts und reicht ihn Egill über das Langfeuer in der Hallenmitte. Anstatt den Ring dankbar mit beiden Händen in Empfang zu nehmen, zieht Egill ebenfalls sein Schwert und hebt damit den Reif vom Schwert des Königs langsam zu sich herüber.

Der edle Stammbaum im *Isländerbuch* endet dagegen mit einer nach herrlich bescheidenem Understatement klingenden Coda: »XXXVI. [Generation] Gellir, Vater von Þorkell, dem Vater Brands, und Þorgils, mein Vater, und ich heiße Ari.«

Über ebendiesen Ari Þorgilsson schrieb Snorri im Prolog seiner *Heimskringla*: »Der Geistliche Ari der Gelehrte Þorgilsson Gellissons zeichnete als Erster hierzulande in nordischer

Sprache altes und neues Wissen auf [...] und er erstellte die erste Chronologie bis zur Ankunft des Christentums in Island und darüber hinaus bis in seine Zeit [...]. Ich halte seinen gesamten Bericht für äußerst zuverlässig, er war überaus klug und so alt, dass er im Jahr nach dem Tod König Harald Sigurðssons zur Welt gekommen ist.« Das war 1067.

Geboren wurde Ari auf dem Hof seines Großvaters, Helgafell auf der Halbinsel Snæfellsnes, ebenda, wo die Heldin der *Laxárdals saga*, seine Urgroßmutter Guðrún Ósvifsdóttir, die erste Klause Islands gegründet haben soll. Auch der Großvater Gellir und Ari selbst kommen in der *Laxárdals saga* vor.

Sein Vater starb hingegen früh, und Ari wurde mit sieben Jahren zur Ausbildung ins südisländische Haukadalur nahe dem Geysir gegeben, der allen anderen Springquellen auf der Erde seinen Namen lieh. Der Hof im Haukadalur galt als Zentrum isländischer Gelehrsamkeit, denn von dort kamen die ersten einheimischen Bischöfe, und die hatten ihr Wissen und ihre Bildung aus berühmten Klosterschulen im Ausland mit zurück auf die Insel gebracht. Bischof Ísleifr, der erste Isländer auf dem Bischofsstuhl, studierte an der für ihr hohes Niveau bekannten Klosterschule der Reichsabtei Herford. Zum Bischof geweiht wurde er 1056 vom ehrgeizigen und damals für den ganzen Norden zuständigen Erzbischof Adalbert von Bremen, der später für den unmündigen Heinrich IV. Regent des Reiches werden sollte. Nach seiner Weihe unternahm Ísleifr eine Reise zum Papst nach Rom, besuchte aber mit isländischem Selbstbewusstsein zuerst Kaiser Heinrich III. kurz vor dessen Tod, vermutlich in seiner Lieblingspfalz Goslar, und brachte ihm als Gastgeschenk einen in Grönland gefangenen Eisbären mit.

Ísleifs Sohn und Nachfolger Bischof Gissur erhielt seine

geistliche Ausbildung ebenfalls in Herford. (Nein, vom Zölibat wollten die Söhne der mächtigen Großbauernfamilien, aus denen die Bischöfe in der Regel kamen, nichts wissen, und er war in Island nie durchzusetzen. Noch der letzte katholische Bischof des Landes wurde im November 1550 zusammen mit seinen beiden Söhnen geköpft.)

Ari Þorgilsson nennt im *Isländerbuch* Teitr, den zweiten Sohn Bischof Ísleifs, als seinen Ziehvater. Sein anderer Lehrer, Hallr Þórarinsson der Weise, war vor der Jahrtausendwende geboren und konnte sich noch gut an seine Taufe durch den in Island sehr gewalttätig auftretenden Missionar Dankbrand aus Deutschland erinnern, der, wütend über die verstockten isländischen Heiden, mehrere von ihnen mit eigener Hand erschlug. Hallr war außerdem durch Handelsreisen bestens mit den Verhältnissen und Überlieferungen in Norwegen vertraut, berichtet Snorri über ihn, und ihm waren die Erinnerungen von Leuten bekannt, die noch vor der Mitte des 10. Jahrhunderts, gegen Ende der Landnahmezeit, geboren waren. Letzteres gilt auch für andere Gewährsleute Aris, die er oder Snorri als seine Quellen anführen. Es waren nur wenige Glieder langlebiger Generationen in der Überlieferungskette zu schließen, um bei den ersten Siedlern in Island anzukommen. Ari wurde achtzig Jahre alt, sein Lehrer Hallr vierundneunzig.

Das alles macht deutlich: Die Historiografie Islands begann in so großer zeitlicher Nähe zum Anbeginn der isländischen Geschichte selbst, dass sie sich noch auf verlässliche, mündlich tradierte Erinnerungen von Zeitzeugen stützen konnte. Und ganz offensichtlich waren die Isländer von frühester Zeit an daran interessiert, ihre Herkunft sowie die Anfänge und wichtigen Ereignisse ihres sich entwickelnden Freistaats im Gedächtnis zu bewahren. Ari berichtet in zehn Kapiteln des *Isländerbuchs* von der Entdeckung und Besiedlung des Landes, sagt auch, sie sei binnen sechzig Jahren abgeschlossen gewesen. Er erzählt, dass ein Mann nach Norwegen zurückgeschickt wurde, um von dort Gesetze für die neu entstehende Gesellschaft zu holen, und dass derselbe Mann nach seiner Rückkehr die Einrichtung des Althings angeregt habe. Dann zählt er die Männer auf, die seither das Amt des Gesetzessprechers auf dem Althing bekleideten. Er berichtet von einer Kalenderreform, bei der alle sieben Jahre eine Schaltwoche eingeschoben wurde, er teilt mit, dass das Land schon von der zweiten Siedlergeneration in vier Landesviertel mit eigenen Thingversammlungen unterteilt wurde. Streitigkeiten sollten möglichst in der jeweiligen Region geschlichtet werden, damit man sie nicht vor der landesweiten Öffentlichkeit auf dem Althing breittreten musste. Er meldet die Entdeckung Grönlands und erzählt die langwierige Geschichte, wie es trotz etwa gleich starker Fraktionen von Heiden und Christen am Ende doch zur staatsklugen Annahme des Christentums durch einen Mehrheitsbeschluss auf dem Althing kam. Und er stellt abschließend die ihm persönlich gut bekannten ersten Bischöfe vor.

Mit seinem *Isländerbuch* wurde Ari Þorgilsson wahrlich zum Vater der isländischen Geschichtsschreibung. An den Eckdaten seiner Chronologie haben spätere Geschichtswissenschaftler nur wenig rütteln können, auch wenn seine Angaben nach neuen Funden und mit neuen Datierungsmethoden immer wieder in Zweifel gezogen wurden. Nach dem Zweiten Weltkrieg stellten Forscher in Island allmählich fest, dass sich überall auf der Insel eine spezifische Ascheschicht im Boden finden lässt, die von ein und demselben, offenbar gewaltigen Vulkanausbruch stammt. Durch Abgleich mit den berühmten Bohrkernen aus dem grönländischen Inlandeis ließen sich dieser Ausbruch und die Aschelage auf wenige Jahre um 870 eingrenzen.

Kurz nach der letzten Jahrtausendwende rückten im ältesten Teil Reykjavíks wieder einmal Bagger an, doch wurden sie bei ihren Ausschachtungsarbeiten von Archäologen begleitet, weil man am Ort der geplanten Grabung bereits früher alte Hausfundamente gefunden hatte. Mit den neuen Erkenntnissen und Methoden ließ sich nun feststellen, dass die ältesten Mauerreste eines wikingerzeitlichen Langhauses aus Stein und Torf in der heutigen Aðalstræti unmittelbar auf und teils sogar unter der signifikanten Ascheschicht lagen, die man inzwischen als Landnahmeasche bezeichnet. Sie mussten also noch etwas älter sein als sie. Als man über diesen Fundamenten 2006 ein kleines Museum eröffnete, bekam es lakonisch und zugleich triumphal den Namen 871±2. Ari Þorgilssons Angabe im *Isländerbuch*, die Besiedlung des Landes habe um 870 begonnen, war mithilfe der neuesten wissenschaftlichen Erkenntnisse und Methoden bestätigt worden.

Fast nebenher erwarb sich Ari für die Geschichte seines Landes und die Identität seiner Bewohner noch ein weiteres Verdienst. Durch seine Entscheidung, sein Geschichtswerk nicht im klerikalen Gelehrtenlatein zu schreiben, dessen er sicher mächtig war, sondern in der den Bewohnern des Nordens damals noch gemeinsamen Volkssprache, trug er dazu bei, für diese Sprache überhaupt erst eine Schriftform zu entwickeln. (Sein Zeitgenosse Sæmundur Sigfússon vom Hof Oddi an der Südküste hat eine kurze Geschichte der norwegischen Könige in der Tat auf Latein geschrieben, doch ist sie, vielleicht wegen mangelnder Nachfrage, verloren gegangen.) Kurz nach Aris Tod 1148 schrieb ein unbekannter, doch sicher scholastisch gebildeter isländischer Verfasser den heute so genannten »Ersten grammatischen Traktat«. Darin entwickelte er auf der Grundlage einer eigenen phonologischen Analyse ein speziell der altnordischen Volkssprache angepasstes lateinisches Alphabet mit Sonderzeichen für deren spezifische Laute. Ari Þorgilsson wirkte durch seine Werke als Vorreiter an der Verschriftlichung des Isländischen mit.

Und selbst das sind noch nicht alle seine Verdienste. Neben seinem *Isländerbuch* hat sich ein weiteres, höchst eigentümliches und einzigartiges Gründungsdokument des frühmittelalterlichen isländischen Freistaats erhalten. Man könnte es, mit vielen Einschränkungen und Vorbehalten, die die Forschung inzwischen erhebt, dennoch seinem Inhalt und auch seiner Nüchternheit entsprechend eine Art isländisches Grundbuch nennen. In den Quellen trägt es den Titel *Landnámabók*, »Buch der Landnahmen«.

Seine Überlieferungsgeschichte ist ein wenig kompliziert, aber für das Folgende wichtig.

Eine Originalhandschrift ist nicht erhalten, stattdessen gibt es fünf jeweils unterschiedlich bearbeitete Fassungen aus späteren Jahrhunderten.

Die älteste von ihnen ist eine eigenhändige Niederschrift von Haukur Erlendsson, der zu Beginn des 14. Jahrhunderts das Amt des höchsten Richters in Island bekleidete. Ihm lagen, so schreibt er selbst, zwei frühere Versionen vor. Für die eine, heute noch in späterer Abschrift vorhanden, nennt er Sturla Þorðarson als Verfasser, einen Neffen Snorri Sturlusons. Als bekannten Sagaautor und hervorragenden Historiker holte ihn der norwegische König Magnús 1264, nachdem sich ihm die Isländer unterworfen hatten, an seinen Hof in Bergen und ließ ihn die Geschichte seines Vaters, des lange regierenden Königs Hákon IV., schreiben. 1271 kehrte Sturla als Statthalter des Königs mit einem neuen Gesetzbuch, an dem er selbst mitgewirkt hatte, nach Island zurück und schrieb dort um 1275 eine um seine umfangreichen Kenntnisse erweiterte Fassung des Landnahmebuchs. Unter anderem fügte er ihr eine kurze Darstellung der Vorzeit und der Anfänge der Besiedlung Islands auf der Grundlage von Beda Venerabilis' *De temporum ratione* und von Ari Þorgilssons *Isländerbuch* bei.

Auch der Autor der anderen Fassung, die Haukur Erlendsson vorlag, kam aus dem Umfeld Snorri Sturlusons: Styrmir Kárason war vor Snorris Ermordung dessen Hauskaplan und vielleicht sein Sekretär, amtierte mehrmals als Gesetzessprecher und wurde später Prior des Augustinerklosters auf der Insel Viðey vor Reykjavík, wo er 1245 starb. Seine Redaktion ist mithin älter als die Sturlas, doch leider ist sie nicht selbst, sondern nur in den Teilen erhalten, die Sturla, Haukur und andere in ihre Bearbeitungen übernommen haben.

Ein Glaubwürdigkeitsproblem haben diese späteren Redaktionen für das Buch der Landnahmen dadurch geschaffen, dass sie auch Informationen aus Quellen aufnahmen, die wir heute weniger als historische Zeugnisse denn als literarische Kunstwerke ansehen, das heißt, eine nach unseren Maßstäben saubere Trennung zwischen Fakt und Fiktion ist in diesen Fällen nicht gegeben, und die Philologen versuchen seit Generationen auseinanderzusortieren, was ursprünglicher Bestand und was spätere Zutat ist. Die mittelalterlichen Kompilatoren, die den Bestand des Landnahmebuchs aus solchen Quellen erweiterten, müssen entweder eine andere Vorstellung von historischer Wahrheit gehabt haben als die heute geltende, oder sie erkannten auch den Sagas einen Rang als Überlieferungsberichte historischer Wahrheiten zu. Schon der Gattungsname Saga bedeutet im Isländischen zweierlei, nämlich einfach »Gesagtes« im Sinne von Erzählung und zum anderen »Geschichte« im Sinn von Historie. Die Trennschärfe, die nach heutigen wissenschaftlichen Maßstäben gefordert wird, ist im Isländischen schon in der Terminologie nicht vorhanden. Im Deutschen haben wir mit dem Begriff »Geschichte« ein auf ähnliche Weise problematisches Wort, doch sind wir es gewohnt, zur Vereindeutigung dessen, was wir meinen, mit Artikel oder Singular- beziehungsweise Pluralformen zu differenzieren: eine Geschichte, Geschichten meint meist nicht Historie. In Island sieht man zu solchen Unterscheidungen keine Veranlassung.

Die Isländer brauchten nicht erst auf die *Metahistory* eines Hayden White zu warten, um zu wissen, dass »auch Klio dichtet«.

Vom Zweck ihres Vorhabens hatten die Verfasser der Landnahmebücher von früh an eine klare Vorstellung. In mehreren Fassungen findet sich ein bemerkenswertes Nachwort, das man heute wenigstens bis auf Styrmir Kárason zurückführt; darin heißt es: »Viele behaupten, es sei unnötiges Wissen, eine Landnahme aufzuzeichnen. Wir aber glauben, Ausländern besser entgegnen zu können, wenn sie uns vorwerfen, wir stammten von Sklaven oder Verbrechern ab, wenn wir sicher unsere wahre Herkunft kennen.«

Aus der Rekonstruktionsarbeit der Philologen zeichnete sich nach und nach ab, dass auch Styrmirs Landnahmebuch seinerseits die Bearbeitung einer noch älteren, heute verlorenen Fassung aus dem 12. Jahrhundert darstellt, die man aus Mangel genauerer Kenntnis als Ur-Landnahmebuch bezeichnet. Es wird vermutet, dass in ihm Aufzeichnungen mehrerer Gewährsleute aus den verschiedenen Landesteilen zusammengetragen wurden. Unter ihnen befand sich allem Anschein nach kein anderer als Ari Þorgilsson. Die späteren Bearbeiter haben Hinweise darauf hinterlassen, dass Ari zumindest Angaben aus seinem Heimatbezirk im Westen und aus dem Südland beigesteuert hat, wenn nicht dieses Ur-Landnahmebuch überhaupt auf seine Initiative zurückgeht oder er wenigstens die verschiedenen Mitteilungen zu diesem ersten Landnahmebuch zusammengeführt hat. Im Schlusskapitel seiner Redaktion hielt Haukur Erlendsson ausdrücklich fest: »Jetzt wurden die Landnahmen vorgestellt, wie sie in Island stattgefunden und wie kundige Männer sie aufgezeichnet haben, allen voran Kolskeggr der Kluge und Ari Þorgilsson der Gelehrte.«

Was steht eigentlich drin, in diesem »Buch der Landnahmen«? – Nun, der Titel besagt es so kurz wie klar: In ihm wird genauestens aufgezählt, wer sich Überlieferungen zufolge wo in Island als erster Mensch niederließ und das Land für sich in Besitz nahm. Rund um die Insel werden mehr als 430 dieser ersten Siedler und etliche ihrer Nachkommen namentlich aufgeführt, und es wird die Ausdehnung des von ihnen beanspruchten Landbesitzes verzeichnet. Ein unglaublicher Fundus!

Die knappsten Einträge entsprechen oft dem Muster: »Björn aus dem Osten fuhr nach Island und nahm Land zwischen dem Lavafjord und dem Stabfluss. Er wohnte auf [dem Hof] Wohnhügel in Björnshafen und ist in einem Hügelgrab am Bach bei seinem Hof bestattet, denn er war als einziges von Ketill Flachnases Kindern nicht getauft. Der Sohn von Björn und Gjaflaug war Kjallakr der Alte, der nach seinem Vater auf dem Hof wohnte.«

Andere Einträge sind ausführlicher und enthalten aufschlussreiche Details etwa über die Glaubensvorstellungen der Ankommenden oder die Gründe ihrer Auswanderung, darüber, woher sie kamen, und auch über die Art, wie sie ihre neuen Wohnsitze fanden und für sich reklamierten: »Þórólfr, der Sohn von Örnólfr Fischvertreiber, wohnte auf Mostr, darum wurde er Mostrbewohner genannt. Er hielt häufig Opferfeste ab und glaubte an Thor. Um sich vor Übergriffen König Harald Schönhaars in Sicherheit zu bringen, fuhr er nach Island und segelte südlich um das Land herum. Als er nach Westen in den breiten Fjord kam, warf er die Pfosten seines Hochsitzes über Bord. In die war Thor eingeschnitzt. Er sagte, Thor solle da an Land kommen, wo er wolle, dass Þórólfr wohnen solle, und er schwor, Thor seine gesamte Landnahme zu weihen und sie nach ihm zu benennen. Þórólfr segelte in den Fjord hinein und gab ihm einen Namen und nannte ihn Breiðafjörðr, Breitfjord. Er nahm Land am Südufer des Fjords, in dessen mittlerem Abschnitt. An einer Landzunge dort fand er Thor angetrieben; diese Landzunge heißt heute Þórsnes. In einer Bucht dahinter gingen sie an Land; die nannte Þórólfr Tempelbucht. Dort erbaute er seinen Hof und einen großen Tempel, den er Thor weihte. Da heißt es heute Tempelstätte. Der Fjord war damals kaum oder gar nicht besiedelt. Þórólfr nahm Land vom Stabfluss bis zum Thorsfluss und nannte alles Þórsnes. Er hielt den Berg, der auf der Landzunge stand und den er Helgafell, Heiliger Berg, nannte, für so heilig, dass er allen untersagte, ungewaschen in seine Richtung zu blicken, und es war dort so geschützt, dass niemand den Berg entweihen durfte, weder Mensch noch Vieh [...]. Þórólfr und seine Angehörigen glaubten, sie würden nach dem Tod in diesen Berg eingehen.« – Es handelt sich um denselben Berg Helgafell, bei dem Ari Þorgilsson aufwuchs. Stammt der Beitrag im Kern von ihm?

Wie machten die ersten Isländer für spätere Ankömmlinge kenntlich, dass sie ein Gebiet in Besitz genommen hatten? Das obige Beispiel von Þórólfr Mostrarskeggi zeigt: Sie beriefen sich dazu, wie die Menschen in früheren und späteren Zeiten auch andernorts, gern auf göttlichen Willen: Jahwe/Gott/Thor hat mich in das Land geführt, das er für mich auserwählt hat.

Außer durch die mit Götterbildern verzierten Hochsitzpfeiler, die vielfach angeführt werden (und die heute noch das Stadtwappen von Reykjavík schmücken), konnten die Götter ihren Willen auch durch Seherinnen und Wahrzeichen verkünden lassen, denen Folge zu leisten war, selbst wenn sich die Menschen anfangs dazu nicht gewillt zeigten. So prophezeite dem mächtigen Wikinger Ingimundr Þorsteinsson eine samische Seherin in Norwegen, er und seine Gefolgsleute würden einmal ein noch unentdecktes Land im Westen besiedeln. Erst als er später, wie ihm geweissagt worden war, in Island sein Amulett, ein silbernes Abbild des

Gottes Freyr, wiederfand, gab er dem göttlichen Ratschluss nach und blieb. Die *Saga von den Leuten aus dem Vatnsdal* führt die knappe Schilderung des Landnahmebuchs weiter aus und erzählt, dass Ingimundr vor seiner Ausreise erst drei samische Schamanen auf eine Geisterreise nach Island schickte, damit sie nachsähen, ob sich sein Talisman tatsächlich dort befand. Nachdem sie das Amulett nach langer, anstrengender Reise in einem Wald am Ende eines Fjords gesehen hatten, gab Ingimundr seufzend seinen Beschluss bekannt, nach Island auszuwandern, weil man seinem Schicksal wohl nicht entgehen könne.

Anderen, Ausreisewilligeren wurde ihr persönlich nicht immer erfreuliches Schicksal von Naturgeistern vorhergesagt, wie Grímr Ingjaldsson, der auf Landsuche vor Island beim Fischen ein *marmennill*, ein »Meermännchen«, aus dem Wasser zog und es zwang, ihm seine Zukunft vorherzusagen. »Besser, ihr würdet sie nicht kennen, bis auf den kleinen Jungen da in dem Seehundfellschlafsack, denn du wirst schon tot sein, bevor der Frühling kommt, doch dein Sohn soll Land nehmen und wohnen, wo dein Pferd Skálmr sich unter seiner Traglast niederlegen wird.«

Auch diese Prophezeiung ging in Erfüllung, und es ist überhaupt bemerkenswert, wie erstaunlich undogmatisch die Verfasser des Landnahmebuchs, die doch Christen waren, die heidnischen Glaubensvorstellungen und Bräuche ihrer Vorfahren wiedergaben.

»Helgi war sehr gemischt im Glauben«, heißt es etwa von einem der berühmtesten und mit zahlreicher Nachkommenschaft gesegneten Landnehmer, Helgi dem Mageren. »Er glaubte an Christus, aber wenn er zur See fuhr und es hart wurde, schwor er auf Thor. Als Helgi Island erblickte, fragte er Thor um Rat, und das Orakel wies ihn nach Norden zum Inselfjord […]. Im Sommer erkundete Helgi die gesamte Gegend, nahm den ganzen Inselfjord zwischen Segelkap und Ebereschenkap in Besitz und machte an jeder Einmündung eines Gewässers ein großes Feuer und heiligte sich so die ganze Gegend.«

Man »heiligte« sich Land, so ein oft verwendeter Ausdruck im *Buch der Landnahmen*. Als sichtbare Rechtshandlung scheint man dazu das beanspruchte Gebiet mit Feuer abgeschritten zu haben, spätestens, nachdem es Streit mit Nachzüglern gegeben hatte: »Die Männer, die erst später nach Island kamen, fanden, die anderen hätten sich zu viel Land angeeignet. Diesen Streit schlichtete König Harald Schönhaar, indem er bestimmte, niemand solle mehr Land in Besitz nehmen, als er mit seiner Schiffsbesatzung an einem Tag mit Feuer durchqueren könne.«

Als ein anderes anerkanntes Vorgehen wird die Markierung der Gebietsgrenzen mit Stangen, Pfählen oder einem frisch entrindeten Ast erwähnt, »den man Landkennzeichen *(landkannaðr)* nannte«.

Manchmal wurden diese Markierungen jedoch nicht respektiert, wie im Fall Náttfaris, der einer der allerersten Neusiedler in Island war, wenn nicht der erste überhaupt. Jedenfalls feierten seine eigenwilligen Nachkommen um Húsavík die Tausendjahrfeier der Besiedlung Islands 1872 schon zwei Jahre vor dem Rest der Nation. Doch Náttfaris Landnahme ist umstritten und nicht Bestandteil der offiziellen isländischen Landesgeschichte, denn schon die verschiedenen Schreiber des Landnahmebuchs versuchten, seine Anwesenheit aus bestimmten Gründen herunterzuspielen oder zu vertuschen, und in seinem *Isländerbuch* erwähnt Ari ihn überhaupt nicht.

Im Landnahmebuch von Haukur Erlendsson heißt es, Náttfari sei ein entlaufener Sklave des Schweden Garðar gewesen. Sein Name bezeichnet jemanden, der bei Nacht geht. Es passt ins Bild, wenn es heißt, er habe für sich das Rauchtal an der Nordostküste mit Weidenzweigen abgesteckt, doch der Sohn eines Adeligen mit mehreren Gütern im norwegischen Hördaland habe ihn von dort vertrieben und ihm nur die kleine Bucht überlassen, die er dann Náttfaravík nannte.

In solchen Fällen kam es auf die eigene Behauptungsfähigkeit und Macht an, denn nicht nur in der gesetzlosen Pionierzeit, sondern auch später beim Aufbau des isländischen Freistaats haben dessen Gründungsväter wahrscheinlich in bewusster Absetzung von dem, was sich politisch gerade in Norwegen abspielte und sie zur Auswanderung veranlasst hatte, auf die Einrichtung eines Staatsapparats mit Exekutivorganen vorsätzlich verzichtet. Wem in einem Prozess auf dem Thing von der Gesetzesversammlung zuerkannt wurde, im Recht zu sein, der musste sich anschließend sein Recht selbst holen und die Vollstreckung des Urteils persönlich durchsetzen. Nicht von ungefähr haben Literaturwissenschaftler festgestellt, dass isländische Sagas in der Rechtsauffassung gewisse Ähnlichkeiten mit klassischen Wildwestfilmen aufweisen.

Einer der ganz wesentlichen Vorgänge bei der Inbesitznahme des zuvor gänzlich unbekannten Landes war seine Benennung.

»Garðar hieß ein Mann, Sohn des Schweden Svávar, der Ländereien auf Seeland besaß, aber in Schweden geboren war. Er fuhr zu den Shetlandinseln, um das väterliche Erbe seiner Frau einzufordern. Doch im Péttlandsfjord wurde er von einem Sturm nach Westen abgetrieben. Östlich von Horn kam er an Land. Damals war dort eine Landungsstelle. Er umsegelte das Land und stellte fest, dass es eine Insel war [...]. Garðar fuhr zurück nach Osten, lobte dieses Land sehr und nannte es Garðarsholm.«

Diese Art, sich im Namen einer Entdeckung selbst ein Denkmal zu setzen, war verbreitet, blieb in dem Fall aber nicht unangefochten.

Ein Norweger namens Flóki hörte von Garðars Entdeckung und fuhr aus, sich die neu gefundene Insel genauer anzusehen. Um möglichst sicherzustellen, sie nicht zu verpassen – »damals hatten die das offene Meer befahrenden Seeleute in den nordischen Ländern noch keinen Kompass«, heißt es im Landnahmebuch –, »weihte Flóki bei einem großen Opferfest drei Raben, die ihm den Weg zeigen sollten«. In heidnischer Zeit waren Raben im Norden dem Gott Odin heilig und galten als seine Kundschafter, die ihm berichteten, was in der Welt geschah. Die *Edda* nennt ihre Namen: »Huginn (Verstand) und Muninn (Erinnerung) / fliegen jeden Tag / über die Welt«, heißt es in den eddischen *Grimnismál*. Unterwegs ließ Flóki erst einen, später den zweiten Raben aufsteigen. Sie kehrten beide zum Schiff zurück. »Der dritte flog über den Steven in die Richtung, in der sie dann das Land fanden.«

Flóki segelte mit seiner Mannschaft die Südküste entlang, sie sahen das weite, karge Tiefland und den hochgewölbten riesigen Gletscher dahinter, umsegelten die nackte Lava der Halbinsel Reykjanes an der Südwestspitze und fuhren, sehr angetan, über die breite Meeresbucht dahinter, in die zwischen Wiesen und Wäldern ein breiter Fluss mündete. »Das muss ein großes Land sein, das wir hier gefunden haben«, sagte ein Mann aus der Besatzung, Faxi, dessen Namen der weite Golf heute noch trägt.

Sie sahen den majestätischen Snæfellsjökull auf seiner Landzunge über dem Wasser schweben, umrundeten auch diese Halbinsel und liefen in den breiten Fjord auf ihrer Nordseite ein. In einem grünen Seitenfjord mit einem Süßwassersee an der Südküste der Westfjorde landeten sie. Im See und im Fjord gab es mehr Lachse und Forellen zu fangen, als sie essen konnten. Im niedrigen Buschwald konnten sie Schneehühnern und anderen Vögeln, am Wasser Robben, Eiderenten und Wildgänsen nachstellen. Das Wetter muss den Sommer über derart mild gewesen sein, dass sie es nicht für nötig hielten, für das mitgebrachte Vieh Heu zu machen und größere Vorräte anzulegen. Im nachfolgenden Winter sollten sie es bitter bereuen. All ihr Vieh verhungerte. Auch das Frühjahr fiel hart und kalt aus. Flóki erkundete das weitere Umland. Als er einen hohen Berg erklommen hatte, fiel sein Blick nach Norden in einen Fjord, der noch immer voller Treibeis war. »Von da an nannten sie die Insel Island.« Den anschließenden Sommer verlebten sie wieder gut im Vatnsfjörður, doch bevor der Winter kam, gaben sie auf, beluden ihr Schiff und segelten mit leichterem Gepäck nach Hause, als sie gekommen waren. Zurück in Norwegen, »äußerte sich Flóki abfällig über die neue Insel, Herjólfr zählte Vor- und Nachteile auf, doch Þórólfr sagte, in jenem Land tropfe Butter von jedem Grashalm. Deswegen nannte man ihn Þórólfr Butter.«

Auch Menschen bekamen im Norden gern ihr (Namens-) Fett weg.

Wieder und wieder erwähnen die Einträge im Landnahmebuch im Zusammenhang mit einer Ansiedlung ausdrücklich den Vorgang der Namensvergabe für auffällige Landschaftsmerkmale; so häufig und eng wird beides zusammen genannt, dass man geneigt ist, zu glauben, das eine sei geradezu konstitutiv für das andere gewesen: Durch Benennung eignete man sich das Benannte an. Selbstverständlich ist das ein Verfahren, das auch anderswo praktiziert wurde. Und doch erstaunen das Ausmaß und die Gründlichkeit, mit der die ersten angehenden Isländer die Praxis des Benennens von Orten geübt haben. Ganz ausdrücklich wird die Namensgebung als systematisch vorgenommener Akt bei der Schilderung der Entdeckung Grönlands durch Erik den Roten hervorgehoben. Nach einer ersten Überwinterung dort »fuhr Erik im folgenden Sommer das unbewohnte Gebiet im Westen ab und vergab überall Ortsnamen«.

Selbstverständlich gab Erik auch dem ganzen Land einen Namen. In dieser Hinsicht gewitzter als Raben-Flóki, nannte er das Land in der Arktis nach modern anmutenden Marketingerwägungen Grönland, also grünes Land – »denn er erklärte, Menschen würden in großer Zahl dorthin fahren, wenn das Land einen guten Namen hätte«, heißt es im Landnahmebuch. Der Erfolg sollte ihm recht geben: »Ari Þorgilsson sagt, in jenem Sommer fuhren fünfundzwanzig Schiffe aus dem Borgarfjörður und dem Breiðafjörður nach Grönland.«

Aus zahlreichen Einträgen im *Buch der Landnahmen* erhält man den Eindruck, die Neuankömmlinge hätten auf ihrer Suche nach geeigneten Wohnorten entlang der isländischen Küsten nichts Eiligeres zu tun gehabt, als erst einmal sämtlichen Landmarken Namen zu verleihen. Musterhaft deutlich wird der Vorgang bei der schon genannten Landnehmerin

Unnr aus der *Saga von den Leuten aus dem Laxárdal*: »Im nächsten Frühjahr setzte sie über den Breiten Fjord und kam zu einer Landzunge, wo sie ihr Frühstück einnahmen. Dort heißt es seitdem Frühstückskap, und das springt bei den Mittelbergstränden vor. Dann lief sie mit ihrem Schiff in den Kesselfjord ein, kam zu einer weiteren Landzunge und hielt sich eine Weile dort auf. Da verlor Unnr ihren Kamm, und es heißt dort seitdem Kammkap. Anschließend erkundete sie alle Täler des Breitfjords und nahm von so viel Land Besitz, wie es ihr gut dünkte. Dann ließ Unnr ihr Schiff ganz ans Ende des Fjords steuern, da lagen die Hochsitzpfeiler an Land getrieben, und damit war es für sie offenbar, wo sie ihren Wohnsitz nehmen sollte.«

Wo vor den Augen dieser Menschen zunächst ein namenloses Nichts gelegen hatte, entstieg nach und nach ein bewohnbares Land dem Meer, mit Küsten, Fjorden, Flüssen, Bergen, Tälern, die sie sich mittels Namen aneigneten, welche oft die natürliche Beschaffenheit der Dinge wiedergaben. So konnten sich die Siedler über das Land verständigen, Beobachtungen austauschen, einander geografische und auch Besitzverhältnisse mitteilen. Nicht lange nach der eigentlichen Landnahme begannen sie damit, die Namen und Verhältnisse aufzuschreiben und das Land so auch schriftlich zu fixieren. Sagas, das heißt also Geschichten und Geschichte, über seine Bewohner zu bewahren und zu schreiben. Die Isländer schrieben ihr Land ins Dasein.

Nur eine kleine Minderzahl der ursprünglich vergebenen Ortsnamen ist heute nicht mehr in Gebrauch oder zu lokalisieren.

Durch den geringen Sprachwandel des Isländischen sind den Isländern die Bedeutungen ihrer Ortsnamen bis heute unmittelbar verständlich; sie müssen sie sich nicht wie im Fall von Aachen, Chemnitz oder Pirmasens erst von Ortsnamenforschern erklären lassen. Und die Bauern auf den meist auch stolz so bezeichneten Landnahmehöfen nehmen heute noch eine Saga oder das Landnahmebuch zur Hand und schlagen nach, wer vor tausend Jahren auf demselben Hof gelebt und gewirtschaftet hat.

Im Island-Pavillon auf der Weltausstellung Expo 2000 in Hannover liefen über ein Laufband in Leuchtschrift die Namen aller Isländerinnen und Isländer, die jemals gelebt haben. Das sympathische Projekt war natürlich nur mithilfe einer Quelle zu verwirklichen, des *Buchs der Landnahmen*.

*

Ich kam 1983 zum ersten Mal nach Island. Da ich Skandinavistik studierte, konnte ich die Insel als plausibles Ziel für eine private Studienreise vorgeben, doch der eigentliche Grund meines Besuchs war eine Bonner Mitstudentin. Sie hatte sich in ihren sehr skandinavisch blonden Kopf gesetzt, im ebenso teuren wie fernen Reykjavík Isländisch zu lernen, während sich gewöhnliche Skandinavistikstudierende damals schon besonders fühlten, wenn sie sich in der Sprache der schwedischen Wälder oder der norwegischen Fjorde übten und nicht bloß im nahen und unartikuliert langweiligen Ferienhaus-Dänisch. »Weißt du, was Liebe auf Dänisch heißt? *Kærlighed*«, hatte sie das Wort gelangweilt überdehnt. »Und weißt du, wie sich Liebe auf Isländisch anhört? Aust! Das klingt nach Leidenschaft.« Sprach's und flog davon.

Ich jobbte und sparte und hatte nach einigen Monaten das Geld für ein Flugticket beisammen.

Glücklich in Reykjavík gelandet, lernte ich bald, dass man »Aust« auf Isländisch *ást* schreibt, was für deutsche Leser eher hölzern klingt, und auch die Stadt übte auf mich genau die Wirkung aus, die die Aussprache dänischer Wörter bei gewissen Isländisch-Studierenden auslöste. Abgesehen vom Studentenkeller im Untergeschoss des Wohnheims gab es genau zwei Lokale, in die man – am Wochenende – ausgehen konnte. Das eine war das Hotel Borg, das andere eine Disco. Ich ging schon damals nicht in Discos. Die Bar des Hotels Borg wurde freitag- und samstagabends mithilfe roter Glühbirnen und einer mit Spiegelpailletten besetzten, rotierenden Kugel an der Saaldecke ebenfalls in eine Disco verwandelt.

Einmal war ich mit der Frau, die mir gezeigt hatte, dass *ást* nach Leidenschaft klang, zu einer Party bei isländischen Kommilitonen eingeladen. Auf dem Tisch standen nur leere Gläser, jeder der anderen Gäste rückte mit einer Plastiktüte an; darin befand sich sein Alkoholvorrat zur ausschließlichen Selbstversorgung. Wir kannten diese eigentümliche Sitte nicht und saßen den ganzen Abend auf dem Trockenen. Kurz vor Mitternacht zogen dann alle zur Discokugel im Hotel Borg.

Die Frau, die ich besucht hatte, schlug vor, wir könnten am nächsten Wochenende einen Ausflug aufs Land machen. Es gäbe da einen abgelegenen Ort, der auch fachlich interessant sei. Zudem befinde sich dort eine Schule, die zu Ferienzeiten als erschwingliches Hotel fungiere. Ich war ein fleißiger Student und sehr für auch fachlich interessante Ausflüge zu abgelegenen Orten zu haben.

Damals endete die asphaltierte Straße nicht weit außerhalb von Reykjavík noch vor dem Hvalfjörður, dann fing die Schaukelei an. In Borgarnes mussten wir zum ersten Mal umsteigen. Es war Anfang Mai, Spätwinter. Der meiste Schnee war geschmolzen, der Rest überfroren, getaut, erneut zu hartem Eis gefroren, die bloße Erde dazwischen moorbraun, das Vorjahresgras strohgelb verdorrt. Irgendwo unterwegs mussten wir ein zweites Mal in einen noch kleineren Bus wechseln. Der beförderte nicht nur Personen (auf dieser Fahrt genau zwei), sondern war auch als Versorgungslaster der Gegend im Einsatz und hielt unterwegs an Abzweigungen oder Hofzufahrten, um Pakete abzustellen oder einzuladen. Wells Fargo of Western Iceland sozusagen. Der Bus verkehrte dem Fahrgastaufkommen gemäß, fuhr freitagnachmittags ins Tal und sonntagmittags wieder heraus. Am Fuß eines in der leeren Landschaft ziemlich überdimensioniert wirkenden Gebäudes setzte er uns ab. »Corbusier goes all Northern«, hatten Auden/MacNeice nicht sehr respektvoll zu diesem Bauwerk des staatlichen Chefarchitekten Guðjón Samúelsson angemerkt. Die Fenster im Erdgeschoss waren turnhallenhoch, aber dunkel, das Eingangsportal verschlossen. Kein Schulbetrieb, doch auch kein Hotelbetrieb.

Wie es sich für eine Schule gehört, gab es einen Hausmeister, und wie es sich für einen Hausmeister gehört, begab der sich irgendwann mit einem großen Schlüsselbund auf einen Rundgang. Er fand uns einigermaßen ratlos vor dem Eingang. Da er kein deutscher Hausmeister war, ließ er die beiden jungen Tramper, die er vor der Tür fand, in das geheizte Gebäude ein. Das Schuljahr sei zwar zu Ende, aber das Haus noch nicht zum Hotel ummöbliert. Doch da wir nun einmal da wären, könnten wir mit unseren Schlafsäcken in einem der Klassenzimmer übernachten. Damit verabschiedete er sich und ging nach Hause.

Im dichten Stangenwald hochgestellter Stahlrohrbeinstühle bauten wir uns ein lauschiges Schlafsacknest. Ich installierte den Campinggaskocher auf dem Lehrerpult und zauberte uns ein fast mediterran anmutendes Menü von Ravioli, in der Dose gegart, und Madame schrieb derweil *kærlighed* an die Tafel und malte dazu ein Gesicht, das die Zunge herausstreckte.

Nach dem Essen brachen wir zur Besichtigung der fachlich interessanten Sehenswürdigkeit auf. Sie fand sich gleich hinter dem Haus. Angeblich handelte es sich um den Swimmingpool, den sich der berühmte Snorri Sturluson in der ersten Hälfte des 13. Jahrhunderts zu seinem Badevergnügen anlegen ließ. Für mich sah er aus wie ein zwei Mannslängen durchmessender runder Goldfischteich, und seine Einfassung stammte mit Sicherheit nicht aus dem Mittelalter.

»Stell dir vor, hier hat schon Snorri gebadet, der Mann, der eine Edda geschrieben hat und die *Heimskringla* und vielleicht auch noch die *Egils saga*«, sagte die Frau, die Island mit Leidenschaft verband.

»Hm«, machte ich. Und guckte in das flache Wasser, von dem leichter Dampf in die kühle Luft aufkräuselte.

»Glauben Sie der Dame«, sagte eine Stimme hinter mir auf Deutsch. »Sie hat vollkommen recht.«

Ich drehte mich um und sah einen Herrn mittleren Alters. Aufgrund seines plötzlichen, wie hingezauberten Erscheinens war ich nicht ganz sicher, ob wir es mit einer realen Person oder einer Erscheinung aus einer anderen Zeit zu tun hatten. Er hätte eindeutig besser ins 19. Jahrhundert gepasst. Unter einem offen stehenden Cape oder Umhang aus dunklem Loden trug er einen dreiteiligen Anzug aus englischem Tweed, aus der Westentasche hing die zu diesem Aufzug gehörende goldene Uhrkette. Der Mann selbst hatte kurz geschnittenes, streng zurückgekämmtes graues Haar und einen barocken Knebelbart, darüber trug er eine runde Lennon-Brille.

Er stellte sich als »Séra Geir Waage, Pfarrer dieser kleinen, aber historisch hochbedeutsamen Gemeinde Reykholt« vor und lud uns zum Kaffee in sein Pfarrhaus ein (Architekt: Guðjón Samúelsson). »An einem trüben Nachmittag wie diesem kann man ohnehin nichts Anregenderes tun, als sich mit jungen Menschen zu unterhalten, die der Geist Snorris von fern her übers Meer zu uns geführt hat.«

Die Unterhaltung beim Kaffee bestritt der Pfarrer in der Tat anregend, doch überwiegend allein. Nachdem er uns nach Woher und Wohin gefragt hatte, holte er zu einem kleinen Vortrag über Reykholt als Lieblingswohnsitz Snorri Sturlusons aus, der sich fast wie von allein zu einem Parforceritt durch die Geschichte Islands und des Nordens im hohen Mittelalter sowie zu einem Exkurs zu Snorris Bedeutung für die isländische, nein, die Literaturgeschichte des Nordens überhaupt und seiner Weltgeltung als Autor ausweitete. Nach zwei Stunden war mir etwas blümerant, zugunsten des Pfarrers nehme ich an, es rührte von den zahlreichen Tassen Kaffee her, die er uns aus einer großen, alten Porzellankanne immerzu nachschenkte. Doch Séra Geir war gerade erst mit einem, wenn auch dem bedeutenderen Teil von Snorris Biografie in groben Zügen fertig. »Nicht zu unterschätzen ist nämlich auch seine gemeinhin weniger bekannte Bedeutung als Politiker«, sagte er auf Englisch, in dem er sich gewandter auszudrücken verstand als mit dem begrenzten Wortschatz seines goethezeitlichen Höflichkeitsdeutsch. »Ist Ihnen denn die *Sturlunga saga* ein Begriff?«

»Ein Begriff wäre zu viel gesagt, lieber Herr Pfarrer«, antwortete die Frau an meiner Seite nach einem kurzen Blick auf mich. »Natürlich haben wir von ihr gehört. Sie zwar noch nicht gelesen, aber ich weiß doch, dass ihre Ausgabe drei Bände umfasst, und bitte, wir haben Ihre Gastfreundschaft schon viel zu lange in Anspruch genommen. Es wird bereits dunkel.«

Der Pfarrer sagte erst einmal nichts, was umso bedrückender wirkte, als er bis dahin nahezu ohne Unterlass monologisiert hatte. Er sah uns nur eindringlich an, als müsse er ergründen, ob wir seinen bisherigen Ausführungen überhaupt gefolgt waren und sie gebührend zu schätzen wussten. Dann schlug er wie in milder Resignation beide Hände auf die Schenkel und erhob sich. »Nun«, sagte er, »lassen wir es in Anbetracht der fortgeschrittenen Stunde und der begrenzten Geduld junger Menschen, alten Menschen zuzuhören, damit vorerst ein Bewenden haben. Ich geleite Sie noch zum Schulhaus hinüber, weil ich Ihnen eines unbedingt noch zeigen muss.«

Ich nahm an, er wollte uns an Ort und Stelle noch rasch eine Anekdote zu Vigelands Statue »Snorri im Schlafrock« erzählen, die auf hohem Sockel vor der Schule stand, aber er führte uns an der kleinen Holzkirche und dem nicht eingezäunten Friedhof mit seinen wenigen, verstreut im Gras stehenden Grabkreuzen vorbei zu einer kleinen Senke. Halb unter der Grasnarbe verborgen, zeichnete sich ein niedriges Geviert aufeinandergeschichteter Steine ab. Eine Einhegung, ein ehemaliger Schafpferch vielleicht. Séra Geir war anderer Überzeugung: »Das sind die erstaunlich gut erhaltenen Fundamente des Kellers, in dem Snorri am Abend des 23. September 1241 erschlagen wurde. In der *Sturlunga saga*, die Snorris Neffe Sturla Þorðarson geschrieben hat, wird der Mord genauestens beschrieben. Von da sind Gissur und seine Männer gekommen«, zeigte er mit nach Süden ausgestrecktem Arm. »Als sie ins Gehöft eindrangen, sprang Snorri aus dem Bett und versteckte sich auf Rat seines Hauspfarrers im Keller dieses Hauses hier.« Der Pfarrer von heute schritt in eine Ecke des niedrigen Gevierts, als wäre er selbst damals schon im Amt gewesen. »Hier. Genau dies ist die Stelle, an der Snorri erschlagen wurde.«

So ist das in Island: Man kommt in ein weites und nahezu leeres, baumloses Tal, spaziert zu einer heißen Quelle, weil es sonst nichts zu sehen gibt, stolpert fast über eine unauffällige Unebenheit im Boden, eine alte Schafhürde, denkt man. Und dann kommt ein Isländer und erklärt einem: Genau hier wurde an dem und dem Tag um die und die Uhrzeit der berühmteste Geschichtsschreiber des ganzen Mittelalters im Norden erschlagen. So steht es in seiner Saga.

Ähnliches passiert einem nicht nur in Reykholt. Und wo die genealogischen Aufzeichnungen des Landnahmebuchs nicht hinreichten, hatten sich die frühen, erstklassigen Literaten Islands ans Werk gemacht. So überzeugend, dass nicht wenige Isländer bis heute glauben, sie erzählten die Wahrheit und nichts als die Wahrheit. Unbeschadet aller vorsichtigen Mahnungen der Akademiker in ihren Schreibstuben des Handschrifteninstituts, zumindest bei manchen Sagas handele es sich eher um literarische Werke als um Tatsachenberichte, gibt es heute im Südland längst einen Wanderweg zu Schauplätzen der *Njáls saga*, in den Tälern im Westen wurde neben Ruinenresten der Hof Eriks des Roten rekonstruiert, von dem aus er zur Entdeckung Grönlands aufbrach, im Nordland hat ein Bauer auf seinem Land im Skagafjörður mit Steinen die Heerhaufen nachgestellt, die 1238 in der größten je auf Island geschlagenen und in der *Sturlunga saga* geschilderten Schlacht aufeinandertrafen. Man kommt dorthin und sieht einen Steinacker auf einer bültenübersäten Wiese, sonst nichts. Der Isländer, der seine Sagas gelesen hat, sieht am selben Ort zur selben Zeit viel mehr. Ihm belebt sich dieselbe leere Wiese mit dreitausend bewaffneten Männern, die mit Schwertern, Äxten, Speeren und Steinen aufeinander losgehen.

Ausländischen Touristen, die von alledem nichts ahnend Island besuchen, hat Literaturnobelpreisträger Halldór Laxness schon 1958 in sein Geleitwort zu einem deutschsprachigen Island-Bildband geschrieben: »Dem Isländer, in welche beliebige Richtung er auch sieht, bedeutet Island eine ununterbrochene Landschaft der Saga: jedes Bergtal, die Berge mit ihren Pässen, die Flüsse, die Lavafelder und Sande, sogar das Moor und die Heide, die Fjorde mit ihren Inselchen nicht zu vergessen: alles ist mit der Saga verbunden, man bewegt sich im Sagaraum, das ganze Land bebt von der literarischen Überlieferung.«

Und der nicht wenig von den Isländersagas beeindruckte dänische Schriftsteller Poul Vad bekannte: »Die Stätten sind es, die die Personen der Saga im Bewusstsein hervorspringen lassen, denn so ist es nun einmal, wenn man in Island reist. Die Reise nach Island ist die Wallfahrt zu einer Literatur.«

Isländische Traumpfade

Poul Vads Buch über seine eigene Wallfahrt ist eines der besten und klügsten Island-Reisebücher, die ich kenne – neben W. H. Audens und Louis MacNeices *Letters from Iceland* (und vielleicht dem von Gories Peerse, aber der gehört in eine andere Kategorie).

Islandreise, so der schlichte Titel der deutschen Ausgabe, übersetzt vom großen Hans Grössel, ist ein bescheiden schmales Bändchen; doch dafür, dass seine Handlung kaum mehr als einen achtstündigen Ausflug in ein leeres Seitental umfasst, ist es fast schon wieder wortreich. Ziel ist das Hrafnkeltal im Osten der Insel, der angebliche Schauplatz der *Saga von Hrafnkel dem Freysgoden*.

»Etwas so Kahlgeschabtes, Nacktes und Ödes wie das Jökulltal und das Hrafnkeltal habe ich weder vorher noch nachher gesehen«, staunt Vad. In diesem Tal steht nach Kilometern der Einsamkeit und Öde ein einziger Bauernhof: Aðalból. Das Wohnhaus ein »zweistöckiger grauer Kasten von beachtlichen Ausmaßen und mit dem Ausdruck einer Art kahlgeschabter und rücksichtsloser Sachlichkeit, die nichts gemein hatte mit der ästhetischen Sachlichkeit des Funktionalismus […]. Mauern und Fenster waren einfach da, so als schnitten sie von vornherein jede Diskussion über etwas so Luftiges wie ›Proportionen‹ ab.«

Dieses »Betonschloss«, so kann sich der studierte Kunsthistoriker Poul Vad gar nicht wieder beruhigen, »wäre in jedem Stadtzusammenhang skandalös und katastrophal gewesen, sogar in Reykjavík«. Ich glaube jedoch, dass seine noch nachträgliche, beim Schreiben wieder spürbar aufwallende emotionale Reaktion auf ein schmuckloses Bauernhaus nichts mit einem »Stadtzusammenhang« zu tun hat. Im Gegenteil, die vom Eis flach gehobelten, vollkommen kahlen Höhenrücken, die das Jökul- und das Hrafnkeltal begrenzen, die Täler selbst, durch die nichts als ein eiskalter, schlammgetrübter Gletscherstrom vom Nordrand des Vatnajökull gurgelt, wirken derart unbelebt (»eine Metapher für die tote Oberfläche des Mondes«, schreibt Vad), dass jedes von Menschenhand errichtete Bauwerk in diesen Tälern wie ein Skandalon wirkt. Es gehört kein Haus auf die Mondoberfläche.

Vad trug anfangs Bedenken, ob er es selbst mit einem Landrover schaffen würde, seinen Wallfahrtsort Aðalból zu erreichen. Obendrein hatte er die einschlägige wissenschaftliche Literatur gelesen und wusste, dass die in der Saga erzählte Geschichte sich wahrscheinlich nicht am Ort des heutigen Aðalból zugetragen hatte. Er fuhr trotzdem los, denn er wollte unbedingt den Schauplatz einer Erzählung sehen, die ihn vor, während und nach seiner Reise gleichermaßen faszinierte: »Von allen isländischen Sagas, die ich gelesen habe, ist die Saga von Hrafnkel dem Freysgoden diejenige, mit der man am schwersten zurechtkommt. Keines dieser

Meisterwerke hat eine entsprechende Konzentration; aber keines bietet dem modernen Leser auch so schwierige, um nicht zu sagen: unlösbare moralische Dilemmata [...]. Eine kristallene Klarheit ist ihr eigen, und doch scheinen ihre Rätsel unerschöpflich.«

Eines der Rätsel, die sie uns heute aufgibt, sind ihre Schauplätze, denn laut Vad gibt es kaum eine andere Saga, in der Distanzen und Landschaftsmerkmale so entscheidend für die Entfaltung der dramatischen Handlung sind – und doch hat das Aðalból der Saga vielleicht nie existiert.

Am Ziel seiner holprigen Fahrt mit dem Landrover fand Poul Vad nichts als einen grauen Betonkasten in einem grandios leeren, kahl geschorenen Tal ohne Baum und Strauch.

Viele der weniger imaginären Sagahöfe standen an deutlich spektakuläreren Orten, und es muss nun einfach einmal heraus: Was sind das für grandiose Landschaften, in denen die Menschen, die auf dieser Insel landeten, aus Holz, Flechtwerk, Steinen und Grassoden ihre ersten Behausungen errichtet haben!

Borg etwa – der knorrig-trutzige Name allein! – in beherrschender Lage an der Mündung der Hvítá am Ufer des nach ihm benannten weiten Borgarfjörður gelegen; eine Wand aus Basaltklippen schützend im Rücken, von weiten grünen Wiesen und Mooren umgeben, landeinwärts, ganz fern im Osten, wölben sich die weißen Schilde von Gletschern, frei auch geht der Blick nach Westen hinaus aufs Meer, im Norden gesäumt von den Bergrücken auf Snæfellsnes, an deren äußerster Spitze, fast hundert Kilometer entfernt und doch gut zu sehen, der magische Snæfellsjökull. Gegenüber, in gebührender Entfernung am anderen Fjordufer, nackt, schwarz, das fast 850 Meter aus dem Meer aufragende Hafnarfjall, der Hafenberg, eine von weit draußen schon sichtbare Landmarke für die Einfahrt in den Fjord. Der ewige Seewind aus West hat ihre Grate so scharf geschliffen, dass der ganze Berg wie der Faustkeil eines Riesen aufs Meer weist. Wenn der Wind hier Sturmstärke erreicht, fegt er so rasend schnell um diese Schneide, dass er schon voll beladene Laster von der Straße geweht hat.

Kein Wunder, dass Kveldúlfr Bjálfason, als er fast schon in Sichtweite Islands sterben musste, wenigstens noch im Sarg an diesem Ort an Land treiben wollte.

Kveldúlfr ist ein Mann, der wie aus einer halb mythischen Vorzeit erratisch in die Sagazeit hineinreicht. Groß, stark, hässlich. So beschreibt ihn die *Saga von Egill Skalla-Grímsson*. Ein Wikinger, der auf Plünderzügen großen Reichtum zusammenraubt. Damit kauft er sich in seiner norwegischen Heimat Land. Allmorgendlich inspiziert er seine Besitzungen, erteilt den Knechten Anweisungen und gute Ratschläge. Doch immer, wenn es auf den Abend zugeht, wird er mürrisch und menschenscheu. »Die Leute sagten, er sei ausgesprochen *hamramr*.« Das heißt, er wechselte nachts seine Gestalt. »Sie nannten ihn Kveld-Úlfr.« Das heißt Abendwolf. Sein Vater hieß Bjálfi, was Fell oder Pelz bedeutet. Sein voller Name lautete also Abendwolf Pelzsohn und kennzeichnete ihn als das, was Sabine Baring-Gould einen Werwolf genannt hätte. Wenn er in einen Kampf verwickelt wurde, konnte sich Kveldúlfr zudem in eine rasende Wut hineinsteigern, die ihn zum Berserker machte. Auch das Berserkertum ist ein seltsames Phänomen in den alten Texten, dessen Wurzeln offenbar bis in die Völkerwanderungszeit und noch weiter zurückreichen. Lukan berichtet in seinem Werk über den römischen Bürgerkrieg, dass sich von den nach Italien einfallenden Kimbern und Teutonen manche »mit tierischen Stimmen und furchtbarem Gebrüll« derart rasend in den Kampf gestürzt hätten, dass sie nicht einmal auf eigene Schmerzen und Verwundungen achteten. Er nannte diesen psychischen Defekt *furor teutonicus.*

Ob es sich bei den später im Norden auftretenden Berserkern um Krieger mit Umhängen aus Bären- oder Wolfspelzen handelte oder gerade um solche, die gar nichts umgehängt hatten, ist bis heute umstritten. Der Wortbestandteil *-serkr* bedeutet in jedem Fall »Gewand«. Die Erklärung von *ber-* als »Bär« hinkt auf zwei Beinen, da zum einen das altnordische Wort dafür *björn* lautet und zum Zweiten ein schweres Bärenfell im Kampf eher hinderlich gewesen sein dürfte. Plausibler erscheint die Herleitung von altnordisch *berr*, nackt, bloß, bar. Vielleicht aus rituellen Gründen, in Ekstase oder einfach, um ihren Mut zu demonstrieren, hätten Berserker zu Beginn eines Kampfes Panzerung und Waffenrock abgeworfen. Snorri beschreibt sie in den halb mythischen Anfangszeiten seiner *Heimskringla* als Krieger Odins, die »ohne Brünnen und wild wie Hunde oder Wölfe in die Schlacht zogen, in ihre Schilde bissen und stark waren wie Bären oder Stiere. Sie töteten, aber ihnen konnten weder Feuer noch Schwert etwas anhaben. Das nennt man Berserkergang.«

Menschen von solchem Schlag kennen wohl auch keine Scheu, ohne Rückfahrschein in ein völlig unbekanntes Land auszuwandern, das mindestens ebenso wild ist wie sie. Doch Kveldúlfr, der Abendwolf, war schon alt, als er sich dazu entschloss, und außerdem fühlte er sich, wie es in ähnlichen Fällen öfter beschrieben ist, nach einem letzten Anfall von Berserkerwut vor der Ausreise aus Norwegen matt und schwach und erholte sich von dieser Schwäche nicht mehr.

Nachdem sie den größten Teil der Überfahrt zurückgelegt hatten, rief er seine Leute an sein Lager und kündigte an, ihre Wege würden sich bald trennen. »Sollte ich sterben, was ich für das Wahrscheinlichste halte, zimmert mir einen Sarg und lasst mich darin über Bord gehen. Ich werde so auf andere Weise nach Island kommen und dort Land nehmen, als ich gedacht habe. – Und wenn ihr mit meinem Sohn Grímr zusammentrefft, richtet ihm von mir aus, wenn er nach Island kommt und ich sollte schon vor ihm da sein, dann möge er seinen Wohnsitz in meiner Nähe errichten.«

Man fand seinen Sarg am Strand vor Borg in einer kleinen Bucht, die noch heute seinen Namen trägt. Auf der damals grün bewaldeten Klippenhalbinsel mit bester Aussicht über den Fjord, auf der heute das Örtchen Borgarnes liegt, ließ Grímr seinen Vater in einem Grabhügel beisetzen. Er ist noch immer zu sehen.

Grímr nahm »alles Land, durch das Flüsse zum Borgarfjörður fließen«, und verteilte Hofstellen an seine Getreuen, erbaute sich das eigene Reich eines ersten Landnehmers. Sein Sohn Egill setzte die Reihe der schwierigen, zwiegesichtigen Charaktere in der Familie fort. Er wurde ein gewalttätiger Wikinger wie sein Großvater, von unbändigem Stolz und Ehrgefühl getrieben, und er wurde ein bedeutender Dichter, der uns unter anderem ein ergreifendes Trauergedicht über den Verlust seiner beiden Söhne hinterlassen hat. »Schwer ist's mir / die Zunge zu rühren«, beginnt die erste seiner sechsundzwanzig Strophen. »Denn mein Geschlecht / steht am Ende, / gleich sturmzerschlagnen / Ahornen im Wald. / Nicht heiter ist, / wer vom Haus hinab / eines toten Gesippen / Glieder trägt.

Viel hat das Meer / mir geraubt, / bitter zu nennen / ist der

Verwandten Tod, / nachdem verschwand / auf der Freuden Pfad / des Lebens beraubt, / meiner Familie Schild.«

Snorri Sturluson erwarb im Jahr 1202 durch eine arrangierte Ehe das Anwesen von Borg und lebte dort für einige Jahre, ehe er nach Reykholt umzog. Über seine Mutter Guðný Böðvarsdóttir war er in siebter Generation selbst ein Nachkomme Egills, und es hält sich nach wie vor die auf einige Indizien gestützte Hypothese, dass er der anonyme Verfasser der *Egils saga* gewesen sein könnte.

Dieser Art sind die Songlines, denen ich bei meinen Reisen durch Island oft folgte. Sie ziehen sich von Reykholt nach Borg und weiter von Hof zu Hof, Fjord zu Fjord, Gegend zu Gegend, oft sind es verborgene Abstammungslinien, weitreichende genealogische Verästelungen, die einem heute noch aufschlüsseln können, woher und wie Menschen, Ereignisse und Geschichten in diesem Land mit seiner so geringen Bevölkerung miteinander in Verbindung stehen.

Die Vorlesungen eines meiner Geschichtsprofessoren sind mir nicht gerade als leidenschaftlich in Erinnerung, doch einmal brach es geradezu aus ihm heraus: »Herrschaften, wenn Sie mittelalterliche Geschichte untersuchen, dürfen Sie gern alle möglichen Ansätze und Methoden in Anschlag bringen. Sie dürfen meinetwegen Struktur- oder Ereignisgeschichte bevorzugen, soziologische Methoden, wirtschaftsgeschichtliche Fragestellungen oder sonst was verfolgen, aber vergessen Sie eins nie, das Ihnen gerade als ganz unmodern und überholt erscheinen mag: den dynastischen Aspekt!

Wie anders wäre die deutsche Geschichte verlaufen, wenn

Kaiser Lothar von Süpplingenburg eigene Kinder gehabt hätte oder wenn Heinrich VI. nicht so früh verstorben wäre. Bedenken Sie stets, wenn Sie das Handeln von Menschen im Mittelalter beurteilen, dass es ihnen dabei auch um die Sicherung des Fortbestands der eigenen Familie zu tun gewesen sein könnte. Wenn in den Quellen Menschen einander gegenübertreten, sehen Sie sich deren verwandtschaftliche und genealogische Beziehungen an!«

Man könnte fast glauben, er habe diese Mahnung besonders im Hinblick auf das mittelalterliche Island ausgesprochen, denn um auch nur ein wenig zu verstehen, wer wie mit wem umgeht, muss man die verwandtschaftlichen Verbindungen zwischen den handelnden Personen kennen. Die Isländer kannten sie sehr genau. Schon allein deshalb, weil sich Verpflichtungen zur Fürsorge für in Not Geratene und zur Rache von Getöteten laut den Gesetzen des Freistaats bis auf Verwandte fünften Grades erstreckten.

Sage mir, woher du kommst, und ich sage dir, wer du bist, war auch bei uns früher einmal ein geflügeltes Wort. Es ist aus guten Gründen aus der Mode gekommen, aber darum nicht auf einmal gänzlich falsch. In Island fragt man auch heute noch sehr bald, woher, aus welchem Fjord, aus welchem Tal, von welchem Hof jemand stammt, und wie die Isländer sagen: Man braucht nie lange zu suchen, um gemeinsame Verwandte oder auch nur Bekannte ausfindig zu machen. Das geht sicher nicht immer so weit wie im Fall von Bergsveinn Birgisson.

Bergsveinn ist ein isländischer Schriftsteller, dessen Romane schon für den Literaturpreis des Nordischen Rats nominiert wurden, die höchste literarische Auszeichnung im

Norden. Aber Bergsveinn ist auch Wissenschaftler und hat sich im norwegischen Bergen in die unglaublich komplizierte Verskunst der wikingerzeitlichen Skalden im 9. und 10. Jahrhundert vertieft. Er ist also in doppelter Hinsicht den Weg zurückgegangen: von Island nach Norwegen und von der Gegenwart zurück in die Vergangenheit, auch in seine eigene.

2013 veröffentlichte er unter dem Titel *Der schwarze Wikinger* ein in mehrfacher Hinsicht unorthodoxes Buch, das er selbst als vorsätzlich angelegtes »Hybrid« zwischen wissenschaftlicher Abhandlung und mit literarischen Mitteln arbeitender Erzählung bezeichnet. Darin versucht er, den Lebensweg eines mindestens ebenso außergewöhnlichen frühen Landnehmers in Island zu rekonstruieren und damit mehrere der im wahrsten Sinn des Wortes dunkelsten Flecken in den Berichten des *Buchs der Landnahmen* aufzuhellen.

In allen Redaktionen erzählt es von den Söhnen König Hjörs im norwegischen Rogaland aus der uralten Dynastie, die mit ihrem Sitz Avaldsnes am Karmsund eine Schlüsselstelle des gesamten Nordwegs innehatte, von dem Norwegen seinen Namen trägt. Von König Hjör heißt es, er habe, wie schon sein Vater und sein Großvater, Züge nach Bjarmaland unternommen und sich von dort als Beute die Tochter des Bjarmenkönigs mit Namen Ljúfvina mitgebracht. Es ist nicht bekannt, wo genau sich dieses auch in anderen Quellen genannte Land der Bjarmen befand. Jedenfalls erstreckte es sich hinter dem Nordkap östlich des heutigen Murmansk, sein Zentrum wird im Mündungsgebiet der nördlichen Dwina etwa beim heutigen Archangelsk vermutet, es könnte aber auch bis zur noch 300 Kilometer weiter östlich gelegenen Kanin-Halbinsel gereicht haben. Die Rogaland-Könige auf Avaldsnes unterhielten im 9. Jahrhundert Handelsbeziehungen nach Bjarmaland, um sich mit kostbaren Walrossstoßzähnen, dem Elfenbein des Nordens, sowie Walrosstran und Lederriemen aus Walrosshaut zu versorgen. Der Tran war notwendig, um die dünnen Planken der Wikingerschiffe vor Schiffsbohrwürmern zu imprägnieren, und Taue aus Walrosshaut besaßen die höchste Festigkeit und waren darum für das großen Kräften ausgesetzte stehende Gut der Takelage am besten geeignet und entsprechend begehrt.

Ljúfvina, so ihr nordischer Name, der in etwa »liebe Freundin« bedeutet, begleitete Hjör eher als Garantin einer Handelsallianz denn als erbeutete Konkubine oder gar Sklavin nach Norwegen. In den Quellen wird sie nie anders denn als Königin bezeichnet. Während sich Hjör auf einer Wikingfahrt befand, gebar sie ihm in Avaldsnes Zwillinge, von denen es im Landnahmebuch überraschend heißt, sie seien »sehr schwarz« gewesen. Und als König Hjör heimkehrte und ihm die beiden Jungen gezeigt wurden, da sagte er, »er habe noch nie solche Helhaut gesehen. Seitdem wurden beide Brüder so genannt.«

Hel war in der Vorstellungswelt der Nordleute der Ort, an dem sich die Toten aufhielten. Mit christlichen Vorstellungen von der Hölle wurde dieses Totenreich erst nach der Missionierung versehen, weshalb die Übersetzung des Beinamens als »Höllenhaut«, obwohl so schön griffig und etymologisch durchaus verwandt, dennoch irreführend ist. Noch in vorchristlicher Dichtung wurde dieses Totenreich Hel in einer Unterweltgöttin gleichen Namens personifiziert, die als teilweise schwarz wie eine Leiche beschrieben wurde. Hjörs und Ljúfvinas Söhne Geirmundr und Hámundr müssen also von auffallend dunkler Hautfarbe gewesen sein. Eine kurze Erzählung über Geirmundr in der *Sturlunga saga* ergänzt, beide seien sehr groß, aber auch »furchtbar hässlich« gewesen, und diese Hässlichkeit habe man am meisten ihrer nie gesehenen dunklen Hautfarbe zugeschrieben.

In den Sagas ist eine dunkle Hautfarbe ein geradezu stereotypes Merkmal von Sklaven, von denen nicht wenige einfach den Namen Kolr, Kohle, bekamen. Geirmundr Heljarskinn wird aber im Landnahmebuch in krassem Widerspruch dazu trotz seiner als hässlich empfundenen dunklen Haut als »Heerkönig« bezeichnet, und darüber hinaus ausdrücklich als der »vornehmste aller Landnehmer in Island«.

Dieser in den Quellen also höchst widersprüchlich dargestellten Figur spürt Bergsveinn Birgisson in seinem *Schwarzen Wikinger* nach und fördert Erstaunliches zutage. Demnach soll Geirmundr Heljarskinn für einige Jahre in Bjarmaland gelebt und später im neu entdeckten Island ein florierendes Handelsimperium aufgebaut haben, das die anfänglich noch an Islands Küsten lebenden Walrosse jagte, mithilfe Hunderter Sklaven verarbeitete und die so gewonnenen Produkte Elfenbein, Tran und Taue vor allem nach Irland exportierte. »Der ganze Atlantik war sein Arbeitsplatz.«

Dabei soll dieser frühe »Expansionswikinger« ganz und gar nicht norwegisch blond und blauäugig ausgesehen haben, sondern mit schwarzen Haaren, rundem Gesicht, schmalen Schlitzaugen, flacher Nase und dunkler Haut wie ein Mongole.

Bergsveinn ging diesen Angaben unter Aufbietung aller erdenklichen modernen Forschungsmethoden nach, von einer genauen Analyse der Quellentexte über Sprachwissenschaft und Ortsnamenforschung, Erkenntnisse der Archäologie und Ethnologie bis hin zur Genetik und ihren Fortschritten bei der Entschlüsselung des menschlichen Genoms, an der im Übrigen eine isländische Firma keinen geringen Anteil hat.

Fast wie ein Wissenschaftskrimi liest sich seine Recherche nach Geirmunds mütterlicher Abstammung von den schwer zu bestimmenden »Bjarmen«. In manchen Quellen scheint es sich bei ihnen um Samen zu handeln, die andererseits aber auch oft als Finnen bezeichnet werden; ebenso wurden gelegentlich Karelier und Wepsen als Bjarmen bezeichnet, doch auch deren Physiognomie weist keine mongolischen Züge auf, und so konzentrierte sich Bergsveinns Suche zunächst auf Samojeden an der Nordküste Sibiriens. In dieser Richtung erlitt er einen herben Rückschlag, als er finnische Spezialisten für Sprache und Kultur der samojedischen Völker aufsuchte. Sie erklärten ihm, zur Zeit der Wikinger hätten die Nenzen, wie sie sich heute nennen, noch weit im nordsibirischen Binnenland zwischen Tundra und Taiga gelebt und wären keinesfalls Robben- oder Walrossjäger gewesen. Und doch führte die Spur weiter, denn bei den Nenzen kursieren viele Legenden, denen zufolge vor ihnen ein anderes Volk an der Küste lebte, das sie als hervorragende Jäger von großen Meeressäugern bezeichnen. Und in der Tat haben sowjetische Archäologen in Westsibirien Überreste einer alten Küstenkultur ausgegraben, auf deren Vertreter anscheinend noch Willem Barents bei seinen Eismeerfahrten am Ende des 16. Jahrhunderts stieß. Der Name dieses verschwundenen Volkes lautet bei den Nenzen Sikhirtya.

Der Ethnolinguist und Samojeden-Experte an der Universität Helsinki, Tapani Salminen, drückte Bergsveinn das *Juraksamojedische Wörterbuch* von T. Lehtisalo aus dem Jahr 1956 in die Hand, und darin fand er, dass es zu dem Namen ein Verb gibt. Seine Bedeutung: »ein schwarzes, fremdartiges, altes Aussehen annehmen«. – *Sikhirtya*, wurde es Bergsveinn schlagartig klar, bedeutet genau dasselbe wie *Heljarskinn*.

Im mutmaßlichen Verbreitungsgebiet der Sikhirtya fand man bisher eine arabische Silbermünze aus dem 10. Jahrhundert und eine nordische Gewandfibel aus derselben Zeit. Offenbar hat dieses Volk mit seinen Produkten ausgedehnten Fernhandel getrieben. Um diese Handelsbeziehungen abzusichern, hatte Geirmunds Vater eine gewiss nicht unbedeutende Frau aus dem Volk der Sikhirtya geheiratet, und Geirmundr tat dasselbe. Genau in der Mitte zwischen seinen beiden wichtigsten Höfen im Westen Islands befindet sich Bergsveinn zufolge das Grab einer Frau, deren Name Illþurrka wahrscheinlich nicht nordischer Herkunft ist. Laut Landnahmebuch hatte Geirmundr mit ihr eine Tochter, deren Namen Ýri ebenso wenig aus dem Altnordischen zu erklären ist. Hingegen ist *jirii* bei den Nenzen ein Wort für den Mond, und nach dem Mond werden bei vielen Völkern Frauen benannt. Mutter, Frau und Tochter stammten also womöglich, wie Geirmundr zur Hälfte selbst, von einem sibirischen Volk mit mongolischen Zügen ab.

Hätte Bergsveinn den k. u. k. österreichischen Kulturkritiker Maximilian Simon Südfeld gelesen, der sich später Max Nordau nannte, hätte er schon früher auf die samojedische Spur stoßen können. Nordau ist durch seine polemischen Kritiken an der abendländischen Kultur im ausgehenden 19. Jahrhundert bekannt geworden, die er in Schriften mit solch deftigen Titeln wie *Die conventionellen Lügen der Kulturmenschheit* (1883) oder *Entartung* (1892) an eine Öffentlichkeit gab, die darüber regelmäßig in halb Europa in heftige Debatten ausbrach. Weniger bekannt ist, dass er seine Kulturkritik zunächst einmal auf einem überschaubar kleinen Versuchsfeld testete. Im Juli 1874 reiste Nordau als Reporter zu der uns schon bekannten Tausendjahrfeier der Besiedlung Islands unter Teilnahme König Christians nach Reykjavík.

Vielleicht, weil ihn schon der Mangel an jeglichem Komfort auf dem alten Postschiff *Diana* ärgerte, kam er ziemlich verstimmt in Island an und ließ an den armen Inselbewohnern kein einziges gutes Haar. Selbst wenn er widerwillig anerkennen musste, dass er sich bei eigenen mangelnden Isländischkenntnissen mit den Stadtbürgern problemlos auf Französisch, Englisch oder Deutsch verständigen konnte, schimpfte er: »Was man von der großen Bildung der Isländer schwatzt, ist eitel Gefasel. Wol kann jeder Isländer lesen und schreiben, aber darauf beschränkt sich auch seine ganze Wissenschaft.«

Als ihm ein armer Bauer, der in seinem ganzen Leben ein einziges Mal, nämlich bei seiner Hochzeit, Brot gegessen hatte, verlegen vergorenes Haifischfleisch vorsetzte, platzte der wohlerzogene Kulturmensch Nordau: »Würde man es für möglich halten, dass einer der edelsten germanischen Stämme unter entwickelungsfeindlichen klimatischen Bedingungen in der Kultur so weit zurückgehen könne, dass er sich bis zum Aasgenusse, dieser widerwärtigen Eigenheit der primitivsten und thierähnlichsten Menschen, erniedrigt?«

Hier verrät sich eine weitere Quelle der Enttäuschung des Kulturkritikers in Island. Als die isländische Küste in Sicht gekommen war, hatte er noch von den ersten Entdeckern geschwärmt: »wunderbare Typen wilden nordischen Lebens [...] die kühnen, an ihrer Freiheit fanatisch hängenden Männer« – dann riss ihn die Realität in der bitterarmen dänischen Kolonie aus seinen germanentümelnden Träumen. In seiner Enttäuschung beschrieb er die Isländer, die ihm in Reykjavíks Gassen begegneten, als: »schmutzig, klein und zerlumpt, blondhaarig und blauäugig zwar, sonst aber mehr Eskimos und Samojeden als Nachkommen germanischer Kriegerstämme gleichend«.

Bloß gut, dass der Rassist Nordau, der erklärtermaßen nicht an die »Einheit des Menschengeschlechts« glaubte, nicht wissen konnte, dass ihm die genetische Forschung unserer Tage, die isländischen Samojeden betreffend, sogar recht geben würde.

Die samojedischen Frauen in der Familie des Landnehmers Geirmundr Heljarskinn brachten Bergsveinn Birgisson auf die Frage, ob sie nicht Spuren im Erbgut der Isländer hinterlassen haben könnten. Schließlich kommen immer wieder einmal Isländer mit einer unverkennbaren Mongolenfalte zur Welt. Bekanntestes Beispiel in unserer Zeit ist eine weltberühmte isländische Sängerin. Da sich mitochondriale DNA nur von der Mutter auf die Nachkommen vererbt, bestand diese Möglichkeit, wenn Illþurrka tatsächlich aus Sibirien stammte.

Das isländische Unternehmen *Íslensk erfðagreining* mit dem internationalen Firmennamen *deCODE Genetics* hat nun in der Tat im Erbgut der von ihr flächendeckend untersuchten Bevölkerung Islands zwei nicht europäische Haplogruppen gefunden, von denen die eine wahrscheinlich von Indianerinnen an der Ostküste Amerikas stammt – ein weiterer Beleg für die frühe Amerika-Entdeckung durch isländische Wikinger. Die Herkunft der anderen, der Haplogruppe Z1a mit der Mutation 16362C, findet sich heute vor allem bei mongolischen Burjaten am Baikalsee, dem ursprünglichen Herkunftsgebiet der Samojeden.

Wo er schon einmal mit ihnen im Gespräch war, hat Bergsveinn den isländischen Erbgutforschern auch gleich noch einen kleinen persönlichen Auftrag erteilt. Wie Ari Þorgilsson im *Isländerbuch* oder wie Snorri Sturluson zu Beginn der *Heimskringla*, stellte Bergsveinn seinem Buch über den Schwarzen Wikinger einen Stammbaum voran, seine eigene Ahnentafel, erstellt und beglaubigt von *deCode Genetics*. Daraus geht hervor, dass er in dreißigster Generation selbst ein Nachkomme von Geirmundr Heljarskinn ist.

*

Wenn man sich länger als für einen Sommerurlaub in Island aufhält, dort Arbeitskollegen und ein schulpflichtiges Kind hat, muss man sich schon sehr ransmayrisch anstellen, um nicht bald neue Bekanntschaften zu schließen. Der Ausländeranteil in Island lag in den Jahren unseres Aufenthalts etwa bei demselben Prozentsatz wie in der ehemaligen DDR. In ihrer Schulklasse in der isländischen Grundschule kam unsere Tochter als einziges Kind aus dem Ausland. Um sie so bald wie möglich zu befähigen, im Unterricht etwas zu verstehen, erhielt sie ihr gesamtes erstes Schuljahr hindurch jeden Tag nach Schulschluss von ihrer Klassenlehrerin eine Extrastunde Isländisch. Der normale Unterricht, ihr Alter, in dem Kinder neue Sprachen spielend aufsaugen, und der Umgang mit den anderen Kindern taten ein Übriges. Besonders ihre Klassenkameradinnen umkreisten sie als Exotin mit unverhohlener Neugier. Wir ermunterten sie, Kinder, die sie nett fände, ruhig mittags nach der Schule mit zu uns nach Hause zu bringen. Nach wenigen Wochen führte der Vorschlag dazu, dass nahezu täglich zwei bis sechs kleine Mädchen bei uns am Mittagstisch saßen. Die Belegschaft wechselte ständig, und wir bekamen nach und nach heraus, dass einige besonders deswegen mitkamen, um zu probieren, was für komisches Zeug diese Ausländer aßen.

Als unsere neuen Bekannten hörten, dass wir möglichst oft zu Erkundungstouren außerhalb der Stadt aufbrachen, folgten die ersten Einladungen zu gemeinsamen Sonntagsausflügen und Wanderungen in der Umgebung. »Ihr wart im Hvalfjörður, aber kennt ihr da auch das Brynjudalur, und wisst ihr, dass man da schön um das Múlafjall herum und dann durch Botnsdalur wieder in den Fjord zurücklaufen kann?«

Am nächsten Wochenende schon wandern wir gemeinsam durchs Brynjudalur. Es ist ein an der Mündung breites Trogtal, von Gletschereis geformt, der Talboden mit hohem Gras bewachsen, das sich unter dem Wind wiegt und beugt wie Getreide auf einem Kornfeld. Ein Gebirgsbach gluckert uns in vielen Windungen entgegen, dem Fjord zu. Die unteren Hänge der bald steil ansteigenden Berge, die das Tal begrenzen, sind grün und mit niedrigem Gestrüpp bewachsen: Blaubeerbüsche! Es ist Ende August, die Büsche hängen voller dicker, reifer Beeren, lauter blaue Planeten in einem nordlichtgrünen Weltall. Sie verlangsamen unser Vorankommen enorm. Man kommt vor lauter Pflücken nicht von der Stelle. Zwei in den Mund, eine in die Proviantdose. Picknick am Fluss, Thermoskannen und vorgebackene dünne isländische Pfannkuchen werden aus den Rucksäcken gezaubert, dazu die gesammelten Blaubeeren. Fehlt nur noch die

Schlagsahne. Ach, die Sahne! Und schon taucht sie aus einem der Rucksäcke auf.

Am Ende des Tals fällt die Brynjudalsá malerisch in mehreren Stufen und Fällen von den Bergen herab. Doch erst nach dem Aufstieg und dem Übergang ins Nachbartal, das hinterste im Hvalfjörður, stellen wir fest, dass uns unsere neu gewonnenen Wanderfreunde vor allem den versteckt im hintersten Winkel des Botnsdalur aus 200 Metern herabstürzenden höchsten Wasserfall Islands zeigen wollten.

Bei anderen Gelegenheiten wurden wir zu Zielen mitgenommen, die uns zunächst alles andere als spektakulär vorkamen. »Wisst ihr eigentlich, wie schön Reykjanes sein kann?« – Reykjanes? Das ist die öde, platte Halbinsel, auf der, streng eingezäunt, die US-Basis und der internationale Flughafen liegen. Ein ewiger schneidend kalter Wind und schwarzes Lavageröll, das Jón Kalman Stefánsson in einem seiner Romane »moosüberwachsenes Schweigen« nennt.

Als Heinrich Böll, der Schriftsteller aus dem üppigen, ins westdeutsche Wirtschaftswunder aufstrebenden Rheinland, nach Irland kam, nannte er das Moos, das er dort überall in den durch Auswanderung entvölkerten Landstrichen vorfand, »die Pflanze der Resignation«. Doch was sieht ein Isländer, wenn er Moos betrachtet?

Jón Kalman hält in seinem jüngsten Roman *Etwas von der Größe des Universums* quasi als letzten Ausblick fest: »Irgendwo wächst Moos auf den alten Steinen, bedeckt sie sogar und hat seine Arbeit aufgenommen, hartes, totes Gestein in Erde für bunte Blumen umzuwandeln.«

Genau diesen Vorgang, dieses Wunder, zeigten uns unsere Wanderfreunde in der zerklüfteten Lava von Reykjanes. In diesen Quadrat- und Kubikkilometern von anorganischem anthrazitschwarzem Gesteinsschutt war jedes Polster neongrünes Quellmoos am Boden einer Mulde, jede einzelne Grasnelke in einer Felsspalte ein Beleg für das Wunder, das das Leben im Grunde ist. Nicht alle, aber doch viele Isländer auf ihrer von Eruption und Erosion an beiden Enden bedrohten Insel haben ein Auge für dieses oft im Kleinsten blühende Wunder. Der vielleicht wichtigste isländische Roman der Achtzigerjahre trägt den verhalten dramatischen Titel: *Das Graumoos glüht*.

> »Vom Frost verblichene Gräser zitterten zwischen den Steinen, vielleicht lag in ihnen die Sehnsucht, Saiten einer großen Harfe zu werden, die mit Würde geflüsterte Heimlichkeiten zu sammeln vermochte; welche der Wind über weite Entfernungen herantrug, auf der Suche nach jemandem, der sie wiedergeben konnte; damit er sie nicht verliere und nicht das Vertrauen derer, die sich in ihrem Schweigen nach Farben sehnten.
>
> Sich gegen die Übermacht der Verwüstung erheben. Und durch Bilder Wurzeln schlagen in diesem Land, welches das meiste Leben vernichtete, besäße dieses nicht den Zauber aus dessen eigenem Schrecken.
>
> Gelesen in Einsamkeit. Aufgenommen aus Mysterien, den Gefahren entrissen.«

Nach einer Weile stellten wir fest, dass uns unsere Bekannten nie zufällig irgendwohin mitnahmen. Immer führten sie uns an Orte, die nicht im Reiseführer standen, die sie aber für besonders schön hielten oder mit denen sie etwas besonders verband.

In Schweden gibt es den sehr schönen Ausdruck der »Erdbeerstelle«, *smultronställett*. Dabei handelt es sich um die wie ein Familiengeheimnis gehüteten Fundstellen der aromatischen wilden Erdbeeren in den Tiefen schwedischer Wälder. Jemandem sein *smultronställett*, seine Erdbeerstelle, zu zeigen, heißt in übertragener Bedeutung, ihm ein ganz persönliches Geheimnis anzuvertrauen. Im Originaltitel von Ingmar Bergmans Film *Wilde Erdbeeren*, *Smultronställett*, klingt daher für schwedische Ohren gleich noch mehr oder zumindest anderes mit als in der Übersetzung.

Island weist keine Wälder wie die schwedischen auf, aber seine Erdbeerstellen hat wohl jeder Isländer.

Sonntagmorgen. Klirrende Sonne und eiskalte Winterbläue vor dem Fenster. Ein Haiku von Takahama Kyoshi: *Tired of hearing / Worldly things: / Winter confinement*. Das Telefon klingelt. »Jón Kalman hier. Hast du Zeit? Ich könnte dir mal was zeigen.«

Ich freue mich auf eine Schneewanderung in den Bergen, auf der sein Border Collie um uns herumtollen wird, oder auf einen langen Spaziergang irgendwo an einem leeren Abschnitt der Küste, doch wir fahren nach Keflavík. Jeder, der in Island landet und in die Hauptstadt will, sieht das Ortsschild von Keflavík – und fährt daran vorbei.

»Weißt du, was der erste Präsident Islands gesagt hat, als er im Herbst 1944 zum ersten Mal nach Keflavík kam?«

»Keine Ahnung.«

»Ich freue mich, an den schlimmsten Ort des Landes zu kommen.«

»Ganz staatsmännisch. Gibt es noch mehr über Keflavík zu sagen?«

»Wart's ab!«

Wir fahren nach Keflavík. Ein großes Schild mit dem Ortsnamen in ehernen Lettern prangt schon weit vor dem Kreisverkehr mit der entsprechenden Ausfahrt über der Straße, damit man Keflavík auch ja nicht verpasst. Wir verpassen es nicht, Jón Kalman kennt sich aus in Keflavík. Er fährt gleich zum Hafen hinab. Das Hafenbecken ist leer, die beiden Kais sind es auch, der Schnee darauf jungfräulich unberührt.

»Nicht viel los hier«, sage ich.

»Genau das wollte ich dir zeigen. Früher war das mal anders. Es gibt hier keine Fischer mehr. Die Quotenspekulanten haben ihnen ihre Fangquoten abgekauft. Keflavík ist ein Fischereihafen ohne Fischer.«

Wir schlendern ein wenig die Uferstraße entlang. Der trockene Schnee knirscht leise unter unseren Sohlen.

»Guck dir diesen Damm aus Wellenbrechern an«, sagt Jón. »Ist doch irrsinnig.«

»Ist er nicht hoch genug?«

»Im Gegenteil. Er ist viel zu hoch. Früher war hier ein flacher Sandstrand. Dann hat die Stadtverwaltung diese Riesenbrocken anschütten lassen. Seitdem sind die Keflavíker nicht nur keine Fischer mehr; ihnen wurde überhaupt der Zugang zum Meer versperrt.«

An einem mobilen Imbiss über dem leeren Hafen werfen wir einen Hamburger ein, dann gehen wir zum Auto zurück.

»Einen Lichtblick gibt es, den zeige ich dir auch«, sagt Jón, als wir langsam durch die leeren Straßen von Keflavík rollen. »Siehst du den Kasten da?« Ich sehe ein viel zu großes, seelenloses Betongebäude im Stil der Achtziger. »Genau das. Das hat sich mal die örtliche Sparkasse spendiert. Reiner

Größenwahn. Sie ist längst pleite. Aber guck, was jetzt darin untergebracht ist!« Über dem Portal hängt ein Schild mit der Aufschrift Stadtbücherei.

»Ausgleichende Gerechtigkeit. Bücher statt Bankkonten. Es gibt noch Hoffnung im Leben«, sagt Jón und dreht ab. Noch einmal fahren wir zum Meer. Am Ende der Straße steht ein verlassenes Gebäude. Seine himmelblaue Fassadenfarbe ist ausgeblichen; wo sie in großen Placken abgeblättert ist, kommt nackter, schimmelgrauer Beton zum Vorschein. Sämtliche Fenster und ein großes Tor sind mit Sperrholzplatten vernagelt, die sich vor Feuchtigkeit wellen und reißen. Vor der Ruine steht schief der Mast einer Laterne, der der Kopf fehlt.

»Ein Denkmal der Industriekultur?«, frage ich. »Das erste Keflavíker Haus, das mit landeseigenem Zement aus Akranes gebaut wurde?«

»Nicht dass ich wüsste«, sagt Jón. »Das war einmal die Fischfabrik, in der ich nach der Schule drei Jahre gearbeitet habe. Wollte ich dir zeigen, damit du schon mal alles gesehen hast. Das sind die Schauplätze meines nächsten Romans.«

Dass man lange nicht gesehenen Bekannten in seiner Heimatstadt auf der Straße begegnet, ein paar Worte wechselt und sich mit der Ankündigung verabschiedet: »Ich komme mal vorbei«, und dann nie etwas aus diesem Besuch wird, dürfte ein bekanntes Phänomen sein. Wir hatten es daher mit Gelassenheit genommen, als viele unserer Freunde und Verwandten bei unserer Ausreise nach Island ankündigten: »Wir kommen mal vorbei.« – Sie kamen alle. Ich kann es nur auf die Anziehungskraft von Island zurückführen. Nach anderen Umzügen hat sich das nie so wiederholt. In einem Sommer ließ sich der Andrang nur bewältigen, indem wir mit einem befreundeten Paar und seinen Kindern von Reykjavík um die West- und Nordhälfte der Insel fuhren, sie in Akureyri sich selbst überließen und dort statt ihrer gleich die nächsten Besucher an Bord nahmen, um mit ihnen die Umkreisung der Insel zu vollenden.

Die Wochenendausflüge mit unseren isländischen Bekannten, die wunderbaren Tipps, die wir von ihnen erhalten hatten, versetzten uns in die Lage, unseren zu Besuch kommenden Freunden die Augen übergehen zu lassen. Die Sensibleren unter ihnen sagten nach drei, vier Tagen schon: »Lasst uns heute bitte einfach bei euch zu Hause in der Stadt bleiben. Die Landschaften sind so überwältigend, ich kann erst einmal keine weiteren Eindrücke verkraften.«

Die Leiterin des inzwischen geschlossenen Reykjavíker Goethe-Instituts kam einmal verzweifelt von einem Ausflug mit einer Berliner Schriftstellerin zurück. Sie hatte ihr am Tag nach ihrer Lesung ein wenig vom Land zeigen wollen, doch die Autorin war nicht ein einziges Mal aus dem Auto ausgestiegen, hatte sich im Angesicht der leeren Weite geradezu an ihrem Sitz festgeklammert. »Wie können hier nur Menschen leben«, habe sie am Ende gerufen und darum gebeten, zum Flughafen gebracht zu werden.

Unsere Freunde waren aus anderem Holz geschnitzt. Denen konnten wir auch zumuten, am Neujahrsmorgen in Dunkelheit und klirrender Kälte das Auto freizukratzen und mit uns aus der Stadt zu fahren, hinauf zur Hellisheiði und ins Hengil-Massiv, dort den Wagen nach mehreren Durchquerungen kleinerer Bäche an einem für den Tercel doch zu tiefen Wasserlauf abzustellen und durch Tiefschnee der ersten, zögernden Morgenröte entgegen ins Ungewisse zu stapfen. Sie wunderten sich höchstens, dass der Bach in dieser Eiswelt nicht zugefroren war. Wir zeigten ihnen den Grund dafür. An einer Stelle, wo sich der Bachlauf verbreiterte, hielt ich an und kommandierte: »Ausziehen!«

Wir drei gingen mit gutem Beispiel voran, streiften eine Kleidungsschicht nach der anderen ab, als Letztes die Stiefel, tappten dann bei minus zehn Grad Kälte nackt und barfuß durch den Schnee die letzten Schritte zum Bach und warfen uns hinein. An seinem Grund stiegen heiße Quellen auf. Man durfte ihnen nicht zu nah kommen, um sich nicht zu verbrühen. Bald hatte jeder eine Stelle im Bach mit der persönlich jeweils angenehmsten Badetemperatur gefunden. Wir lagen im warmen Wasser, wohlig umflossen, legten die Köpfe zurück, merkten, wie die Kopfhaut spannte und das feuchte Haar vom Frost steif zu gefrieren begann, und blickten zu den letzten Sternen auf. Wenn wir uns zu sehr aufgeheizt hatten, stiegen wir aus dem Wasser und wälzten uns wie Robben im Schnee. Über uns ein hoher, weiter Himmel, dessen nachtblaue Tinktur am unteren Saum von einem Goldrand zunehmend erhellt wurde, bis die Sonne endlich über verschneite Berge heraufstieg und uns zeigte, dass wir uns als die einzigen Menschen in einer makellos weißen Welt von Eisriesen befanden. »Nicht die schlechteste Art, ein neues Jahr zu beginnen«, sagte mein Freund Walter.

⋆

Eero-Pekka war ein seltsamer Typ. Er war der Mann meiner finnischen Kollegin und hatte sie vielleicht am ehesten nach Island begleitet, weil er nicht recht wusste, was er mit seinem Leben in Finnland anfangen sollte. Pekka war Rentner. Kampfpiloten der finnischen Luftwaffe werden mit fünfunddreißig in den Ruhestand versetzt. Pekka war nicht sehr groß, aber drahtig wie ein Terrier. Er hatte irgendeinen ziemlich dunklen Gürtel in Judo. Sein Gesicht war so kontrastarm, wie man es häufig bei Finnen sieht. Kurzes sandfarbenes Haar, ebensolche Brauen und eine sehr glatte, fast wächserne Gesichtshaut, darin ein paar samisch schräg gestellte, helle Augen. Er wirkte still wie ein finnischer Waldsee und sprach etwa ebenso viel, hatte aber einen nervösen Tick, unbewusst zog er ständig mit einem leisen Schniefen die Nase hoch. Vielleicht ein Überbleibsel der Anspannung bei seinen Überschallflügen über der Tundra von Rovaniemi.

»Vielleicht mache ich hier einmal etwas völlig anderes. Ich glaube, ich probiere es mal mit Kunst oder mit Design. Finnisches Design hat im Ausland einen ganz guten Ruf«, erzählte er mir bei einem Kaffeetrinken im Nordischen Haus, das sein finnischer Landsmann Alvar Aalto erbaut hat. In meinen Augen ist das Nordische Haus eins der schönsten Bauwerke Reykjavíks. Eingeschossig, mit weiß gestrichenen Ziegelsteinen verklinkert, fügte es sich perfekt in seine flache Umgebung, ein kleines, fast verlandetes Moor, auf dessen Grashöckern in jedem Sommer Küstenseeschwalben brüten. Küstenseeschwalben passen gut zu Aalto. Sie sind so funktional designt, dass sie von allen Zugvögeln die längsten Zugstrecken zurücklegen können. Aus ihrem lateinischen Namen *Sterna paradisaea* ist im Schwedischen ein *tärna* geworden, und dasselbe alte Wort bezeichnet auch ein junges Mädchen. Voller Anmut und Grazie wie die junger Mädchen sind auch die rasanten Bewegungen der Seeschwalbe, die ihr Leben lang im Licht lebt. Sie erblickt es in Brutgebieten rund um die Arktis und macht sich, wenn der kurze Sommer dort endet, auf den langen Flug über den Atlantik bis in die Südpolarregion, um dann im ewigen Tag der antarktischen Sommerhelle zu jagen. Auf ihren Streifzügen umrundet sie am Rand des Packeisgürtels entlang einmal ostwärts, immer der Sonne entgegen, den Erdball, ehe sie zum Brüten wieder in den nächsten hellen Sommer auf der Nordhalbkugel zurückkehrt. Bis zu 80 000 Kilometer legt so ein kleiner, leichter Vogel auf seinen fast durchsichtig weißen, zugespitzten Schwingen in einem Jahr zurück. Dabei hat er noch die Energie übrig, mit wildem Schrei im Sturzflug alles zu attackieren, was seiner Brut zu nahe kommt.

Aaltos Nordisches Haus weist ebenso schlanke Linien auf, die Bibliothek darin ist ein ebenso funktional schlichtes, lichterfülltes Schmuckstück wie ihre große Schwester in Rovaniemi, und aus den hohen Fenstern des Cafés genießt man einen schönen Ausblick auf die Stadt hinter dem Weiher und das darüber sich erhebende Massiv der Esja. Um die Bergsilhouetten aufzugreifen, hat Aalto seinem Bau einen schräg gestuften Aufsatz auf das flache Dach gesetzt, dessen Verkleidung aus dunkelblauviolett glasierten Kacheln genau die Färbung der Berge an einem isländischen Wintermorgen wiedergibt.

Heute ist die Gesamtwirkung von Alvar Aaltos Bauwerk zunichtegemacht. Der Unternehmer, der mit Genforschung sinnlos viel Geld verdient, hat dahinter für seine Firma einen massigen, schwarz verkleideten Gebäudekomplex aus Stahl und Beton errichtet und das von Aalto genau austarierte Ensemble von Baukunst und Natur zerstört.

Finnland weist keine nennenswert hohen Berge auf, und

Eero-Pekka wollte einmal etwas völlig anderes versuchen. Auf irgendeinem Bauernhof trieb er einen alten Harvester Scout auf, dessen Benzinverbrauch ihm fast die Haare vom Kopf fraß, und wühlte sich damit hinauf ins Hochland. Dort lief er allein herum und erstieg jede Anhöhe. Abends setzte er sich in sein Zelt und notierte Aphorismen. Einer von ihnen lautete: »Hätten wir Augen aus Stein, sähen wir die Berge fließen.«

Ich gehöre eher zur Fraktion derer, die statt auf die Alpen lieber freien Blick aufs Mittelmeer hätten, und lehne solchen Bodenbarock außer als malerische Panoramakulisse im Hintergrund ab. Doch von den zahlreichen Bergen Islands gab es zwei, die zu besteigen ich mir vorgenommen hatte. Einer war die Hekla. (Die Esja zählt nicht, die war nur der Übungsberg.) Ich beging den Fehler, Pekka davon zu erzählen. Warum nicht die Herðubreið, die Königin des isländischen Hochlands?, fragte er. Warum nicht den Hvannadalshnúkur, den höchsten Gipfel?

Weil die Hekla der Eingang zur Hölle ist.

Es gibt Zeugen. Der Mönch Herbert von Clairvaux schreibt in seinem *Liber miraculorum et visionum* schon im 12. Jahrhundert, auf Island befände sich ein Eingang zur Hölle, gegen den der Ätna lediglich ein »spiraculum«, ein Dunstloch, sei. Und der Zisterzienser Alberich von Trois-Fontaines bestätigt das ein Jahrhundert später in seiner Weltchronik. Ordensbrüder aus Schweden hätten ihm berichtet, dass am Tag einer Schlacht in Schweden von »Hirten auf Island die Seelen [der Gefallenen] gesehen wurden, wie sie schwarzen Raben und anderen, verschiedenartigen Vögeln gleich davonflogen und schrien. Und andere überaus ungeheuere Vögel in der Art von Greifen griffen jene an, und vor den Augen der Hirten selbst stürzten sie alle in die Unterwelt Islands [...] gelegen auf dem Berge, der Hekla genannt wird.«

Pekka sah mich aus seinen schrägen Finnenaugen an. Ja, gut, lenkte ich ein, Kleriker! Von Berufs wegen unglaubwürdig. Aber hier, im 16. Jahrhundert, haben ausländische Seeleute deutlich gesehen, wie große Vögel die Seelen der Sünder aus der Hekla holten, sie zu gesteigerter Folter im Meer abschreckten und dann zum Frieren auf dem Eis auslegten, bevor sie sie einsammelten und zurück in den Höllenschlund stießen. So steht es in etwa auch in den Erläuterungen zur Carta Marina des Olaus Magnus von 1539.

Pekka hatte mehr Vertrauen in altes Seemannsgarn als in die Berichte gelehrter Geistlicher. Schließlich haben die Finnen, anders als die Isländer, den ersten christlichen Missionar, der zu ihnen kam, vorsorglich gleich totgeschlagen.

Ende September fiel auf der Esja der erste Schnee. Es folgten klare Herbsttage und kühle Nächte. Pekka meldete sich: Auf der Hekla müsste inzwischen genügend Schnee liegen, um darauf bequem die zerklüfteten Lavafelder überqueren zu können. Pekka, der finnische Bergexperte! Aber ich glaubte ihm, und außerdem sah die Wetterlage für isländische Verhältnisse einigermaßen stabil aus. Am nächsten Morgen holte er mich mit meiner Frau und Tochter um sechs Uhr in der Frühe ab. Wir klemmten uns in seinen Scout und brummten los. Oben auf der Hellisheiði ging strahlend und rotgolden die Sonne auf. Im Südland sahen wir dann schon von Weitem den Raubtierrücken der Hekla, flach zum Sprung geduckt. Sie dominiert den gesamten Landstrich, nicht bloß optisch. Etwa alle zehn Jahre droht sie mit einem Ausbruch. Vom Isländischen Geologischen Institut wird sie rund um die Uhr überwacht, weil ihre Vorwarnzeit mit Erdbeben und kurzen Stößen äußerst gering sein kann. Beim letzten Mal betrug sie fünfzehn Minuten. Während ich das an meinem Tisch im heißen Bangalore schreibe, warnt das isländische Institut durch die Medien, der Druck im Magmakessel der Hekla sei, sechzehn Jahre nach dem letzten Ausbruch, höher als vor den beiden vorangegangenen. Mit einer neuerlichen Eruption müsse jederzeit gerechnet werden.

Bei Hella bogen wir von der Ringstraße ab und holperten über eine ausgeschlagene Piste bis zum letzten Hof am Fuß des Vulkans, Næfurholt. Von da folgten wir noch einigen Fahrspuren höher hinauf bis zu einer Senke östlich der hohen Moräne Háalda. (Wie der Scout da mit seinem kurzen Radstand und der großen Bodenfreiheit auf hohen, grobstolligen Reifen auch über dicke Felsbrocken hinaufturnte, das trug mit dazu bei, dass ich unseren braven Tercel im nächsten Jahr durch einen ebenso alten Landcruiser des Modells J7 ersetzte, das heute noch als unverwüstliches Buschtaxi durch das staubrote Outback Australiens fährt.) Wo es nicht mehr weiterging, hielt Pekka den Wagen an, stellte den Motor ab, griff sich seinen Rucksack und marschierte los. Ohne sich umzusehen, ohne einen Blick nach rechts oder links zu werfen, ob es vielleicht irgendwo einen sichtbaren Pfad oder eine günstige Route für den Aufstieg gab, nahm er den Berg frontal in Angriff. Wenn ich an Pekkas Art des Bergsteigens denke, sehe ich die Jünglinge auf den Stierkampffresken von Knossos vor mir. Er packte den Berg bei den Hörnern und ließ sich von ihm in die Höhe schleudern. Wir anderen mussten zusehen, wie wir zu Fuß irgendwie durch die scharfkantigen Schlackenfelder kamen, die der Vulkan bei seinen zahlreichen Ausbrüchen gespien hatte.

Wir befanden uns an seiner Südwestflanke und mussten

zunächst die sogenannten Suðurbjallar durch einen schmalen Spalt zwischen Bergwand und einem jungen, düster rotschwarzen Lavafeld von 1980 umrunden. Dann ging es quer über ein noch immer widerlich zu begehendes Feld grober Blocklava vom Ausbruch des Jahres 1845. Rechts und links gesäumt von den noch scharfkantigeren und schroffen Lavaströmen von 1970 und 1980. Als wir die hinter uns hatten, begann ab etwa 800 Metern Höhe der eigentliche Aufstieg. Die Sonne stand um die Zeit über der Gipfelregion und blendete so stark, dass wir immer wieder stehen bleiben und blinzelnd peilen mussten, wo eine günstige Route für den nächsten Abschnitt verlief. Von Pekka sahen wir nichts mehr. Er hatte sich wohl in einen leichtfüßig springenden Steinbock oder in einen Luis Trenker verwandelt und hörte nur noch den Berg rufen.

Noch einmal ging es in die 1980er-Lava, es war ein ergiebiger Jahrgang gewesen, doch befanden wir uns nun über der Schneegrenze, und die meisten Spalten und Klüfte zwischen den scharfzackigen Lavabrocken waren dicht mit Schnee ausgefüllt, sodass wir nicht mehr bei jedem Schritt genau schauen mussten, nur ja nicht irgendwo halsbrecherisch hineinzugeraten, umzuknicken oder hängen zu bleiben. Ab 900 Metern ging es dann auf glatten Harsch- und Eisflächen für mein Gefühl steil aufwärts. Über den Gipfel zogen einige Wolkenfetzen, und es wurde gleich spürbar kälter. Trotzdem lief mir der Schweiß in Strömen den Rücken hinab. Meine Frau hatte in Island alte Familienerinnerungen für sich wiederentdeckt, denen zufolge ihr Vater in seiner Jugend ein begeisterter Bergsteiger gewesen war, und ließ sich keine Anstrengung anmerken, und der zehnjährigen Gemse an unserer Seite konnte sowieso kein Berg etwas anhaben.

Ein beträchtliches Stück weiter oben sahen wir einen roten Punkt ein Schneefeld queren und machten uns selbst ans Serpentinengehen. Gegen dreizehn Uhr erreichten wir den Gipfel des Öxl auf 1300 Metern. Zu unseren Füßen öffnete sich ein kreisrunder Krater. Die Lava darin war erst drei Jahre alt und noch so heiß, dass sie weder Eis noch Schnee auf sich duldete. Um uns herum grafische Muster aus Weiß auf Schwarz, aus dunklen Schlünden kräuselte heller Rauch. Ein Atemloch des Leviathan. Noch blies er nicht. Das Biest unter unseren Füßen säuselte nur in leichtem Schlaf. Ich mochte es nicht wecken und gab nur kurz die Schauergeschichte von den Vulkanologen zum Besten, die schon unten am Hang von einem völlig vorankündigungslosen Ausbruch überrascht worden und zwischen einschlagenden Schlackebomben um ihr Leben gelaufen waren. Im ersten Moment blickte Salka mit anderen Augen in das qualmende schwarze Loch, dann sah sie mich an, und die Besorgnis in ihrem Blick wurde von Skepsis abgelöst. »Papa?« – Kluges Kind.

Als wir noch die unglaublich weite Aussicht auf das in seinen goldbraunen Farbtönen fast ein wenig verklärt daliegende Tiefland genossen, kam von oberhalb der rote Punkt von vorhin auf uns zu. Pekka war schon ganz oben auf dem Südgipfel gewesen. »Nur noch knappe 200 Höhenmeter bis zum Einstieg in die Hölle«, griente er. Wie es da oben erst aussieht, brauche ich nicht zu beschreiben. Das wird jeder unchristliche Sünder dermaleinst selbst zu sehen bekommen. Mich wird der Anblick nicht mehr überraschen.

Zwei Jahre später. Mit einem kräftigen Erdbeben unter dem Vatnajökull geht es los. Es folgt eine Reihe weiterer Erdstöße, die bis zu zehn Minuten anhalten. Das Vulkanologische Institut meldet am nächsten Tag, zwischen der Bárðarbunga im nordwestlichen Teil des Gletschers und den Grímsvötn würde der Eisschild des Gletschers so schnell schmelzen, dass er an vier Stellen bereits in kilometerbreiten Trichtern nach unten einbreche. Um 4:50 Uhr des 2. Oktober sehen Beobachter erstmals eine weiße Dampfwolke aufsteigen, die sich nach einer Stunde durch Aschepartikel dunkel färbt. Nur dreißig Stunden hat der Vulkan gebraucht, um einen 450 Meter mächtigen Eispanzer durchzuschmelzen. Um zehn Uhr sind die vier Einbruchkessel zu einer kilometerlangen Spalte zusammengewachsen, aus der eine Rauchsäule fünf Kilometer hoch aufblüht. In Húsavík und Akureyri an der Nordküste fallen erste Ascheteilchen. Zum Mittag heulen in Reykjavík die Sirenen in einem Probealarm. Die Bevölkerung im ganzen Land soll die Radios einschalten. Darin wird fast das gesamte Nordland zum Gefahrengebiet erklärt. Die Bauern in der Region werden aufgefordert, ihr Vieh in die Ställe zu holen, um es vor eventuellen Gaswolken zu schützen. Der Inlandsflugverkehr wird eingestellt. Derweil schießen 5000 Kubikmeter Schmelzwasser in der Sekunde durch Spalten im Gletscher nach Süden in einen unter dem Eis befindlichen See, die Grímsvötn, die sich glücklicherweise erst im Vorjahr durch einen kleineren Gletscherlauf entleert haben. Am 4. Oktober sind aber bereits zwei Kubikkilometer Wasser in die Grímsvötn eingeschossen, und der Pegel darin steht höher als jemals zuvor gemessen. Bei solchen Wasserständen im See wird der Auftrieb irgendwann so groß, dass er die über dem See lastenden und das Wasser zurückhaltenden Eismassen aufschwimmen lässt. Dann fließt das Schmelzwasser über die Randberge und in einem Gletscherlauf unter dem Eis zur Küste, wo die erste Woge mit ihrem Aufprall die

Gletschertore sprengt und die Stirn des Gletschers auf breiter Front auseinanderplatzen lässt.

Nach zwei Wochen steigt der Wasserspiegel in den Grímsvötn immer noch täglich um einen halben Meter, die angeblich kritische Marke von 1500 Metern ist erreicht. Das letzte Mal lief der See bei einem Pegel von 1380 Metern über. Unter dem Eis drängen sechs Milliarden Kubikmeter Schmelzwasser ihrem Abfluss entgegen. Was wird das für ein Gletscherlauf werden! Im einzigen Hotel unten an der Küste und in den wenigen Bauernhöfen wartet ein Auftrieb internationaler Presse auf das Wasser, wie Island ihn seit dem Treffen Reagan – Gorbatschow 1984 nicht mehr gesehen hat.

Die Bárðarbunga ist ein altes und sehr ergiebiges Vulkanzentrum, das aber wegen seiner Lage unter dem Eis des Vatnajökull lange unbekannt war. Man schätzt, sie hat bis zu zwanzig Kubikkilometer Lava gefördert, mehr als die berüchtigten Skaftáreldar von 1783, in deren Folge mehr als zehntausend Menschen ums Leben kamen. Dazu achtzig Prozent des Schafbestands und zwischen fünfzig und sechzig Prozent aller Kühe und Pferde. Angeblich soll der dänische Kronrat nach der Katastrophe erwogen haben, den überlebenden Rest der Isländer nach Jütland zu evakuieren und die Insel aufzugeben.

Der Ausbruch in der Bárðarbunga war inzwischen zum viertgrößten des Jahrhunderts angewachsen, doch langsam ließ die Heftigkeit der Eruptionen nach. Mit Sondergenehmigung durften die ersten Flugzeuge wieder starten. Durch Freunde von Freunden wurden wir benachrichtigt, am nächsten Morgen werde der Luftbildfotograf Björn Rúriksson zur Ausbruchstelle im Gletscher fliegen und sei bereit, auch uns mitzunehmen.

Wetter und Sicht waren gut, als wir uns dann in der Luft befanden, die Berggipfel um Reykjavík mit dem ersten Puderzucker des nahenden Winters bestäubt. Das Hochland lag schon unter einer geschlossenen Schneedecke. Einige Seen waren matt gefrorene Eisspiegel, doch die Mäanderschlingen der Flüsse blinkten von oben betrachtet wie Gold im Morgenlicht der tief stehenden Sonne. Die Wasserfälle hatten mit ihren Gischtschleiern große Frostblumen um ihre Fallkanten gelegt. Schon aus mehr als fünfzig Kilometern Entfernung sahen wir über der endlosen Weite des Vatnajökull die helle Dampfsäule in die Höhe steigen. Dunkle Ascheeinsprengungen schien sie kaum noch zu enthalten. Dann erreichten wir den Gletscher. Seine Eismassen brandeten um den steil wie ein Schiffsbug 1500 Meter aufragenden Hamar. Dahinter erstreckte sich nur noch Eis, Eis und noch mehr Eis. Dann kam plötzlich eine bläuliche Delle in unser Sichtfeld: ein erster Schmelzkessel. Darin tiefe Risse, die sich wie ein gigantischer Badewannenstrudel spiralförmig einwärts drehten. Wenige Flugminuten später war die gesamte Gletscheroberfläche bloß noch ein geborstenes Spaltenfeld. Jeder der noch stehenden Eisblöcke da unten war so hoch wie ein Wolkenkratzer. Auf dem Grund der tiefen Schluchten dazwischen mussten die Schmelzwasserfluten brodeln.

Wir flogen in 6500 Fuß Höhe, und die Rauchfahne aus dem Vulkan ragte hoch über uns auf. Björn legte die Zweimotorige schräg, und wir kippten nach unten, schwenkten auf die Spalte ein. Alles Eis war auf seiner Oberfläche schwarz von Asche; nur die frischen Eisbrüche leuchteten bläulich weiß hervor. Wo die Dampf- und Aschewolken aufstiegen, klaffte eine halbkilometerbreite Spalte, so breit, dass wir das wallende Gemisch aus Wasser, Aschenschlamm und in der heißen Flut schmelzenden Eisbrocken sehen konnten. Fast in ihrer Mitte befand sich ein schwarz gerändertes Auge, dem weißer Dampf in dichten Schwaden entquoll. Manchmal blühten aschegesprenkelte Eruptionsfontänen daraus empor, in denen sich grelle Blitze entluden. Wir flogen in den Dunstkreis der Wolke, kamen auf der anderen Seite geblendet aus ihr heraus und überblickten die gesamte Länge der Spalte von mehreren Kilometern. Noch zwei, drei Mal flogen wir das Ausbruchzentrum an, Björn hatte ein kleines Seitenfenster geöffnet, hielt seine Kamera hinaus und fotografierte mit der Linken die immer wieder neuen Explosionen von Wasser und Asche, während er mit der Rechten gelassen das Flugzeug steuerte. Nach einem letzten Tiefflug quer über die Spalte drehten wir ab und flogen nach Reykjavík zurück.

Dann kam das Wasser. Am Abend des 4. November, mehr als einen Monat nach Beginn des Ausbruchs – das letzte ausländische Fernsehteam war gerade abgereist –, ließ das angestaute Schmelzwasser in den Grímsvötn die Eisbarriere aufschwimmen und bahnte sich unter ihr hindurch den Weg ins Tal. Das große Oderhochwasser des Jahres 1997 hatte einen Maximalabfluss von 3000 Kubikmetern in der Sekunde. Die Abflussmenge aus den Grímsvötn erreichte einen Gipfel von 50 000 Kubikmetern pro Sekunde. Und das Wasser schoss rasend schnell unter dem Gletschereis dahin. Die Grímsvötn liegen etwa fünfzig Kilometer vom Gletscherrand entfernt. Das Wasser legte unter dem Eis die Entfernung in einer Nacht zurück. Am Morgen des 5. November explodierte die Gletscherstirn unter seinem Anprall. Auf einer Breite von zwanzig Kilometern wurde die Gletscherfront förmlich liquidiert. Wo die Eiswände nicht schnell genug in sich zusammensanken und sich in bis zu 200 Tonnen schweren Blöcken mit fortreißen ließen, schoss ein Gemisch aus Wasser und Schlamm in hohen Fontänen gewaltsam empor. Es war ein Anblick, der das abgenutzte Wort Naturgewalt mit einer ungeheuer eindrucksvollen, Furcht einflößenden und zugleich faszinierend anzusehenden Wirklichkeit erfüllte. Die Skeiðará schwoll in diesen Stunden zu dem nach dem Amazonas wasserreichsten Fluss der Erde und verwandelte den gesamten Sander auf einer Fläche von 750 Quadratkilometern in eine einzige wirbelnde Fläche aus Wasser, Eis und schwarzem Schlamm. Als die größte Flut vierundzwanzig Stunden später nachließ, hatte sie etwa 180 Millionen Tonnen Sand und Geröll mit sich geschleppt und mit ihnen die Küste um 800 Meter ins Meer hinaus vorgeschoben. Von den Brücken der Ringstraße ragten nur noch einige abenteuerlich verdrehte und verbogene Stahlträger aus dem Schlamm.

Wind in den Nerven

Im Lauf unserer Jahre in Island und auf den Reisen, die wir nach unserer Rückkehr immer wieder dorthin unternahmen, fanden wir unsere je eigenen Erdbeerstellen. Für meine Frau lagen sie vor allem da, wo garantiert keine Erdbeeren wachsen, auf den Gipfeln des isländischen Hochlands und auf den Gletschern. Sie wurde bestimmt eine bessere Bergsteigerin und Skiläuferin, als ihr Vater je gewesen ist. Mit einer Gruppe des isländischen Wandervereins hat sie auf Skiern den Vatnajökull überquert und weiß der Teufel was sonst noch.

Für unsere Tochter, wie sollte es bei einem halbwüchsigen Mädchen auch anders sein, wuchsen die Erdbeeren auf dem Rücken der Islandpferde. Seit dem Pferdestreicheln auf Grímsey und einigen Ausritten auf Reiterhöfen im Süd- und Nord- und Ostland lag sie uns mit keinem Wunsch beharrlicher in den Ohren als: »Ich möchte so gern ein Pferd haben!«

Glücklicherweise muss der Besitz eines Pferdes in Island kein so kostspieliges Vergnügen sein wie in Deutschland, stellten wir fest, als wir uns heimlich nach Möglichkeiten umzuhören begannen. Im Gegenteil trafen wir bei unseren Anfragen eher auf die erstaunte Gegenfrage: »Was, nur eins?«

Von Reitern im Ausland werden Islandpferdereiter oft belächelt und nicht ganz für voll genommen. Da gelten »Isis« als Ponys, auf denen ein Erwachsener eher eine lächerliche Figur abgibt. Doch Islandpferde sind trotz ihres geringeren Stockmaßes keine Ponys. Und von ihren Fähigkeiten und Charaktereigenschaften könnte sich manches glatthaarige Großpferd mehr als eine Scheibe abschneiden. Die Isländer selbst sind so stolz auf ihre Pferde, dass sie schon im ersten Jahr, in dem auf der Ebene von Þingvellir das Althing zusammentrat, dort per Beschluss den weiteren Import von Pferden verboten. Dieses Einfuhrverbot gilt ununterbrochen bis heute. Seit dem Jahr 930 ist kein fremdes Pferdeblut mehr nach Island gekommen. So sehr, wie ich die struppigen, wilden Kerle von der Insel auch mag, könnte ich mich fast auch für ein Exportverbot erwärmen. Für die allerbesten Zuchtpferde existiert praktisch eins, denn ein Islandpferd, das einmal die Insel verlässt, und sei es zu einer Europa- oder Weltmeisterschaft, darf nicht wieder auf die Insel zurück. (Das hat zur Folge, dass die isländische Reiterequipe bei solchen Turnieren im Ausland nie mit ihren besten Pferden antritt.) Ein Islandpferd ist ein Islandpferd, weil es in der isländischen Landschaft aufgewachsen ist. Aus ihr bezieht es seine Kraft, seine Ausdauer, seine Trittsicherheit in unwegsamstem Gelände, sein Temperament. So meine laienhafte Überzeugung. In seinem ganzen Charakter spiegelt sich diese raue, einzigartige Landschaft wider. Ein Islandpferd auf den gehegten, satten grünen Weiden des Kontinents wird ein anderes Pferd.

»Mit das Schönste und Großartigste, was man auf dem

Lande erleben kann, ist der Anblick von Pferden, die durchgehen«, schrieb der Altmeister Laxness. Gleich unterhalb seines Hauses liegt ein großer Pferdehof. »Dann traben sie los, als flüchteten sie vor einem langsam fließenden glühenden Lavastrom, doch jede Bewegung ist blitzartig, als sei Wind in den Nerven [...] Plötzlich scheint es wie Feuer unter den Hufen dieser seltsamen Tiere zu fließen, sie rasen dahin wie der leibhaftige Sturm, über Geröll, Sümpfe und Schluchten, tauchen im Bruchteil eines Atemzugs den Rand des Hufs in den Brand, der unter ihren Füßen lodert, setzen über Wasserläufe, Klüfte und Klippen, rasen steile Abhänge hinauf, bis sie rettungslos eingeklemmt zwischen Steinblöcken ganz oben auf einem steilen Felsgrat stehen, sterben und gefressen werden von Vögeln.«

Die Isländer kennen die Qualitäten ihrer Pferde genau, sie schätzen sie gerade wegen dieser Eigenschaften, züchten auf sie hin und tun vieles, damit die Rasse ihren Charakter behält. Zwar sind die Zeiten größtenteils vorbei, in denen man die Herden ebenso wie die Schafe im Sommer aufs Hochland trieb und dort frei laufen ließ, aber isländische Pferdefreunde sind nach wie vor davon überzeugt, dass die Pferde etwas von ihrer Feurigkeit und ihrem Willen verlieren, wenn sie diese Freiheit nicht von Zeit zu Zeit ausleben dürfen. So stehen die ausgedehnten Stallungen an den Stadträndern von Reykjavík in den Sommermonaten und bis weit in den Herbst weitgehend leer. Dann werden die Pferde draußen im offenen Land geritten, viele treibt man in Herden von hundert und mehr Tieren auf Distanzritten kreuz und quer übers Hochland mit sich; im Herbst bekommen sie menschenfrei. Das heißt, wie werden ein paar Monate nicht geritten und dürfen auf weitläufigen Weidegebieten nach Herzenslust grasen und miteinander toben, um wieder ganz Pferd und etwas weniger gewohnheitsmäßig dem Menschen gehorsames Wesen zu werden. Erst um die Weihnachtszeit holt man sie zurück. Dann beginnt der Reitbetrieb in der Stadt, sodass Reiten in Reykjavík als eine Art Wintersport betrieben wird.

Derart eingewurzelt ist die Überzeugung, dass Pferde Herdentiere sind, dass sich kaum ein Pferdeliebhaber nur ein Einzeltier hält. Auf dem Land schon gar nicht. Da gibt es Bauern, die selbst nicht reiten, aber eine kleine Herde auf ihrem Land grasen lassen, »weil die Pferde so gut in die Landschaft passen«.

Und viel mehr als das Gras, das ohnehin auf den Außenweiden wächst, benötigen sie nicht. Einen Stall kennen nur die, die regelmäßig geritten werden. Die übrigen stehen auch im Winter draußen, ihnen wächst ein dichtes Winterfell, und nur wenn der Schnee zu hoch liegt, als dass sie noch die erfrorenen Grashalme darunter freischarren könnten, bringt ihnen der Bauer einen Ballen Heu auf die Weide. Und ein Fass mit alten Salzheringen, als Salzlecke und wegen der Vitamine. Islandpferde sind verrückt nach gammeligem Hering.

Wenn man mit Bauern Bekanntschaft schließt, die vielleicht das eine oder andere Pferd zu viel durchzufüttern haben – künstliche Besamung und mehr Geburtenkontrolle als die Kastration einiger Hengstfohlen lehnen die Isländer gemeinhin als nicht artgerecht ab –, dann kann man schon zu recht günstigen Preisen an ein Pferd kommen. Ein guter Bekannter, der im Südland einen Reiterhof besitzt, pflegte die Tiere, die er in der Umgebung für seinen Betrieb zukaufte, oft einfach nach dem Preis zu nennen, den er für das Fohlen bezahlt hatte. Eins hieß Baggi, was nicht mehr bedeutet als ein Ballen Heu. Ein anderes hieß Kaleikur, Kelch, und da fragte ich denn doch nach. »Den wollte mir der Pfarrer nur überlassen, wenn ich ihm dafür einen neuen Kelch für seine Kirche stifte.«

Wir hatten uns lange nach einem Pferd umgesehen. Dann kam der Heilige Abend. Wir hatten den Tannenbaum geschmückt (seitdem zahlreiche staatliche Aufforstungsprogramme aufgelegt wurden, ist Island bei der Weihnachtsbaumproduktion autark), die Schneehühner waren so weit vorbereitet, dass sie nur noch in den Backofen geschoben werden mussten, da fiel mir plötzlich ein, dass ich noch etwas vergessen hatte, das dringend besorgt werden musste. Meine Tochter rollte die Augen: Musste denn die Vergesslichkeit ihres Vaters nun auch noch den Beginn des Weihnachtsfests verzögern? Doch als ihre Mutter ihr von Frau zu Frau erklärte, meine Vergesslichkeit sei, nun ja, ein Thema für sich, aber es ginge um etwas, das für das Gelingen des Fests nicht ganz unwichtig sei, da stieg sie mit einer Mischung von Verdruss, Unwillen und Argwohn ins Auto. Als sie merkte, dass der Weg nicht ins Zentrum, sondern hinaus zu den Stallungen führte, wurde es ganz mucksmäuschenstill auf der Rückbank. Und seitdem ich im Schnee vor der Stadt eine Stalltür öffnete, aus der uns zwei große, sanft glänzende Pferdeaugen entgegenschimmerten, und sagte: »Darf ich vorstellen, Húni von Syðra-Langholt«, habe ich nie wieder in seligere Kinderaugen geblickt.

Húni wurde unser Familienpferd, das wir alle drei ritten, am häufigsten natürlich unsere Tochter, und im Sommer verdiente er sich sein Winterheu, indem er weiterhin von

Simmis Pferdehof aus Touristen ins Hochland trug. Manchmal besuchten wir ihn dort, erhielten noch ein paar weitere Pferde und konnten wunderbare Ausritte unternehmen, bei denen wir nur Gerfalken und Schnee-Eulen aufstörten. So konnte ich mich auch bei meinem holländischen Freund für die einstige unfreiwillige Lektion im Springreiten revanchieren: Als er uns besuchte, unternahm ich mit ihm einen achtstündigen Ritt, auf dem wir mehrere tiefe und sehr kalte isländische Flüsse durchqueren mussten.

Durch das Reiten bildete sich ein neues Netzwerk wahrer isländischer Traumpfade. Es führte hinauf ins Hochland und darüber hinweg zur Adlerseeheide, knüpfte sich zu Menschen auf dem Hof im Nordland, der als erster darauf gesetzt hatte, Reiterferien für ausländische Touristen zu veranstalten, und weiter in die Westfjorde nach Ísafjörður und zum Drangajökull, wo Reiter wie in früheren Zeiten zu Pferd den Gletscher überquerten.

Ein weiteres Netzwerk entstand durch das Wandern. Wir traten beiden isländischen Wandervereinen bei und kamen so über die obligatorischen Fahrten in die Þórsmörk, ein von Bergen und Gletschern von der Küste abgeschlossenes Urstromtal, oder zu den heißen Quellen am Fuß der hellbunten Ryolithberge bei Landmannalaugar hinaus in den Genuss kundig geführter Wanderungen in noch abgelegeneren, unbekannteren Teilen des Hochlands.

In der Þórsmörk war ich oft, mit Gruppen, mit der Familie, mit Freunden, allein. Sie war damals häufig schwerer zu erreichen, als es die heutigen routinemäßigen Sommerexkursionen vermuten lassen. Einmal musste ich mit einer alten Freundin neun Stunden in einer Hamburgerbude an der

Ringstraße warten, bis der Wasserstand im reißendsten der siebzehn Wasserläufe, die die Zufahrt in die Þórsmörk versperren, so weit gefallen war, dass ein großer Allradtruck den ohnehin extra hochbeinigen Bus durch die Fluten zum jenseitigen Ufer schleppen konnte, an dem die Hütte stand. Ein andermal wanderten wir in elf Stunden über den verschneiten Bergsattel zwischen den Gletschern um das Þórsmörk-Tal hinüber zur Küste. Der vielleicht denkwürdigste Ausflug war eine Fahrt, die meine Tochter und ich einmal in der dunkelsten Zeit Mitte Dezember mit der 4 × 4-Abteilung des Wandervereins (auch dieser scheinbare Widerspruch ficht Isländer nicht an) unternahmen.

In den winterlichen Verhältnissen nahm die Fahrt ins Tal fast alle Stunden des Tageslichts in Anspruch. Sobald es hell wurde, bogen vierzehn schwerkalibrige Geländewagen und ein etwas weniger hochgerüsteter von der Straße ab und fuhren über eine alte Brücke, die eigentlich wegen Einsturzgefahr für schwere Fahrzeuge gesperrt war, über einen schwarz dahinströmenden Gletscherfluss Richtung Þórsmörk.

Am breiten Eingang ins Tal hat der vom Meer kommende Wind noch dafür gesorgt, dass der Schnee nicht hoch liegt, und wir rumpeln mit beträchtlichem Tempo über ein Geröllfeld. Erste kleine Bäche kreuzen unsern Weg. An der Spitze prescht der führende Wagen mit unverminderter Geschwindigkeit hindurch. Krachende Eissplitter und Fontänen spritzen auf. Je weiter wir vorankommen, desto breiter und tiefer werden die Wasserläufe. Einige rauschen aus Sturzbächen in den Steilhängen zusammen, andere quellen aus tiefen Seitenschluchten mit lotrechten Wänden. Doch das eigentliche Problem sind die vereisten Ufer. Steil tauchen die Motorhauben tief ins Wasser, ehe die Räder Grund finden. Auf tiefer im Tal gelegenen Flussläufen würde die Eisdecke die leichteren Fahrzeuge bis auf den Fluss hinaus tragen; doch brächen sie dort ein, kämen sie nicht wieder auf den hohen Eisrand hinauf und steckten im strömenden Wasser fest. Also fährt das schwerste Gerät vor und bricht krachend eine Rinne für alle.

Es ist inzwischen so hell geworden, wie es an einem bedeckten Wintertag in Island werden kann. Farben verwendet ein solcher Tag äußerst sparsam, fertigt kaum mehr als eine Schwarz-Weiß-Radierung von der Landschaft. Aus dem weißen Untergrund sind mit scharfen Strichen die Schründe und Spalten im Gebirge geätzt. Massige schwarze Flecken markieren die überhängenden Basaltfelsen erstarrter Lava. Darüber sind die hochgewölbten Eisfelder der Gletscher in durchsichtigem Blau lasiert. Über steile Eisbrüche stürzt eine Gletscherzunge in den schiefergrauen See, milchblaue Eisberge treiben darauf. Der Abfluss ist ein breites, gurgelndes Wildwasser, in dem wir zunächst ein ganzes Stück fahren müssen, ehe wir, von treibenden Eisbrocken bedrängt, endlich eine zur Ausfahrt geeignete Stelle finden. Zum Glück halten die Türdichtungen.

Es ist fast Mittag, als wir endlich den tief verschneiten inneren Kessel der Þórsmörk erreichen. Der höchste der Gletscher, die im Halbkreis um uns herum auf mächtigen Lavarücken lagern, ragt 1600 Meter in die Höhe. Mehr als zwanzig Wasserläufe haben wir durchfurtet.

»Passt mal auf, Leute«, quäkt der Leiter der Gruppe durchs Sprechfunkgerät, »jetzt kommt noch eine etwas tiefere Pfütze.« Vor uns liegt der Hauptarm des Gletscherflusses in der Talmitte. Auf einer flachen, verschneiten Terrasse hebt sich über dem jenseitigen Ufer die dunkle Hütte ab.

Die Krossá ist ein tückischer Fluss. Im Sommer kann ihr Wasserstand im Verlauf eines Tages um dreißig Zentimeter steigen. Für Fahrzeuge mit nicht übermäßiger Bodenfreiheit ist das eine Menge. Die Strömung wälzt überdies gewaltige Steinbrocken mit, die das Ende jeder Ölwanne bedeuten können, und wäscht tiefe Löcher in den Untergrund. Da ist es ratsam, sich die ständig wandernden Furten genauestens anzusehen. Im Winter gibt es keinen Truck, der einen im Notfall herauszieht.

Die Strömung hat das Wasser in der Flussmitte offen gehalten. Jeder Fahrer befestigt ein Seil am Wagen und hängt das Ende durch das geöffnete Seitenfenster ins Innere, um es Helfern im Notfall zuwerfen zu können. Doch alles geht gut. Wie ein Zug schwerfälliger Insekten windet sich der Konvoi langsam durch die schnell dahinströmende Krossá. Auf Kosten eines gestauchten Auspuffs lerne ich, dass man auch mit dem Wagenheck möglichst behutsam von einer Eisbank in einen Fluss taucht. Dann stehen wir endlich alle wohlbehalten und trocken auf dem nördlichen Ufer. Gut zweieinhalb Stunden haben wir für die dreißig Kilometer benötigt.

Bis wir Proviant und Schlafsäcke in die eiskalte Hütte getragen und uns dort eingerichtet haben, beginnt es draußen schon wieder zu dunkeln. Das Dämmerlicht reicht gerade noch für einen Aufstieg auf den nächsten Höhenrücken. Im sonst unberührten Schnee laufen Fährten von Schneehühnern und schnürenden Eisfüchsen. Vom höchsten Punkt aus schauen wir über die schweigende Urweltlandschaft im Winterschlaf. In der Tiefe, von den eisgepanzerten Wächtern umstanden, zeichnet der Fluss sein graues Schlingenmuster auf das helle Tuch des Talbodens. Sein Rauschen dringt als einziges Geräusch zu uns herauf. »Bei dem Anblick weiß man doch wieder, wozu man überhaupt auf dieser Eisscholle lebt«, sagt jemand halblaut und erntet zustimmendes Murmeln von den Umstehenden.

Der spätere Nachmittag vergeht beim Schein einiger Gasleuchten mit Gesprächen, Kaffeetrinken und Kartenspielen. Die Kinder toben unbeeindruckt von der Kälte im Schnee. Drinnen wird es langsam wärmer als draußen. Dann heißt es, alle Fahrer müssten noch einmal hinaus und die Fahrzeuge bewegen, damit eingedrungenes Flusswasser nicht in den beweglichen Teilen am Unterbau gefriert. »Möglichst vor dem Abend«, ruft einer, der gerade seinen Campingkocher anwirft, um Glühwein zu erhitzen. »Wegen der Promille.«

Während draußen die Motoren bullern, versuchen die in der Hütte Gebliebenen, für vierzehn Familien Abendessen auf einem Gasherd zu kochen. Einige grillen lieber ihre Lammkeulen – im Freien. Was können schon zehn Grad Frost gegen die liebste Freizeitbeschäftigung der Isländer ausrichten?

Die Nacht wird noch kälter werden: Es klart auf. Ungetrübt von Lichtern am Boden, funkeln bereits Sterne in der klaren Frostluft über den Gletschern. Später wird phosphorgrünes Nordlicht in gespenstischer Stille spiralige Schleier über das Firmament wehen lassen.

»Er war in die Stadt zurückgekehrt; und hatte sich unter eine Menschenmenge gemischt, die ihn nichts anging und ihm unwirklich vorkam, ähnlich einem dichten Strom von Wiedergängern, die zur Allerheiligenmesse aus den Massengräbern eines fremden Landes auferstehen.«

Thor Vilhjálmsson: Das Graumoos glüht

Von See- und anderen Ungeheuern

Herbst in Hallormstaður

Durch unsere Ritte, Wanderungen und vielerlei andere Unternehmungen haben wir gegen Ende des letzten Jahrtausends noch ein Island kennengelernt, das es so nicht mehr gibt. Als wir dort lebten, hätte ich mir nicht vorstellen können, jemals so alt zu werden, dass ich einmal ein Islandbuch mit dem Tenor »How green was my valley« schreiben könnte. Und jetzt tue ich genau das und kaum etwas anderes. Das hat sicher mit mir, das heißt der Zahl der inzwischen von mir angesammelten Lebensjahre, zu tun, doch auch mit Island.

Als ich kam, war es ein Land, in dem man eine Szene aus einem isländischen Film unmittelbar nachvollziehen konnte: In einer Totalen im Nirgendwo fährt ein Auto an der Kamera vorbei und hält ein gutes Stück entfernt an. Die Türen fliegen auf, zwei Männer springen aus dem Wagen und führen einen Veitstanz auf. Die Kamera fährt langsam näher, und man hört die beiden Männer frohlockend jauchzen: »Asphalt!«

Bald wird man, nachdem rund um die Küsten die Zufahrt zu jedem sehenswürdigen Fleckchen Natur geteert sein wird, wahrscheinlich auch die erste Asphaltstraße über das Hochland bauen. Damit die unersättliche Tourismusindustrie ihre Reisegruppen auch noch schnell und bequem zu den heißen Quellen von Hveravellir, ins Sommerskigebiet in den Kerlingarfjöll und über den Sprengisandur karren kann. Und im Bus wird gemeinsam das alte Sprengisandslied angestimmt, in dem man sich vor den Gespenstern im menschenleeren Hochland gruselt. Die Industrie darf sich dabei der bedenkenlosen Lobbyarbeit der einheimischen Hotelpächter und Skiliftbetreiber und selbst noch der Würstchenstandbesitzer am Weg, der Busunternehmer und Fremdenzimmervermieter auf den Bauernhöfen an den Zufahrtsstraßen gewiss sein. Denn die Aussicht auf ein paar Arbeitsplätze, das heißt auf Geld, Geld, Geld, wird am Ende wieder einmal alle Bedenken zugunsten möglichst unzerstörter Naturlandschaften hinwegfegen, wie sie es trotz großer Proteste am Ende auch im Fall der unglaublichen Schluchten am Kárahnjúkur im östlichen Hochland tat. Deren gewaltige Dimensionen hatte man gerade erst durch Kameras auf unbemannten Kleinflugzeugen in ihrem ganzen Ausmaß erkannt, als schon konkrete Pläne auftauchten, sie komplett zu fluten und aus ihnen Stauseen mit einem Kraftwerk für die Stromversorgung neuer Aluminiumhütten in den Ostfjorden zu machen.

Als gegen Ende des 19. Jahrhunderts englische Investoren dem Bauern, auf dessen Land der Gullfoss lag, den Wasserfall abkaufen wollten, um ihn durch Turbinen für die Stromerzeugung in eine industrielle Anlage zu verwandeln, drohte – so will es die Legende – die Tochter des Bauern noch damit, sich in den Fall zu stürzen, falls der Vater den Kaufvertrag unterschreiben würde. So viel entschlossenen Widerstand bringen die Isländer heute nicht mehr auf. Da reicht es gerade noch zu kurzfristigen »Topfdeckelrevolutionen«, wenn die Gauner und Betrüger in Politik und Wirtschaft es einmal zu toll getrieben haben. Eine Legislaturperiode später wählt man die Clique derselben Ganoven an die Macht zurück, weil sie wieder einmal Steuersenkungen versprechen, mehr Arbeitsplätze, mehr Geld, Geld. Wie kurz kann das Gedächtnis einer Nation sein, die sich rühmt, die Anfänge ihrer Geschichte genauestens bewahrt zu haben?

Als ich kam, war Island ein Land, in dem man im Radio einen Aufruf wie den folgenden hören konnte: »Heute Mittag hat jemand, der aus der Bankfiliale auf dem Laugavegur kam, die Tasche mit seiner Geldbörse auf dem Autodach abgestellt und ist dann losgefahren. Der Finder der Tasche möge sich bitte unter folgender Telefonnummer melden ...«

Es war die Zeit, in der die Werbung im Radio von derselben Ansagerin vom Blatt gelesen wurde, die auch die Todesanzeigen verlas, mit demselben Tonfall.

Nachdem ich mich eine Weile auf den großen Sandern der Südküste herumgetrieben und tagelang keinen Ort mit einer Bank gesehen hatte, musste ich einen Bauern auf einem der wenigen Höfe in der Gegend fragen, ob ich mein Zimmer für die Nacht mit einem Euroscheck bezahlen könne. »Ich habe so ein Papierchen noch nie im Leben gesehen, guter Freund«, gab er zur Antwort, »aber wenn du sagst, dass es etwas wert ist, will ich es gern annehmen.«

Das heutige Island ist dagegen nicht mehr mein Land. Es hat sich an das schnelle, aber auch flüchtige Geld verkauft. Über die Vorgänge, die im Herbst 2008 zum finanziellen Zusammenbruch führten, und über die Mentalität der von ihrem eigenen Präsidenten, der eigentlich der sozialistischen Partei entstammte, dafür noch bei Ansprachen im In- und Ausland mit dem zweifelhaften Titel »Expansionswikinger« gepriesenen kriminellen Banker, Politiker, Unternehmer und Spekulanten, die dafür verantwortlich waren, sind genügend mehr oder weniger kluge Artikel geschrieben worden. Einer ihrer schärfsten Kritiker war Hallgrímur Helgason, der schon 2005 in seinem Roman *Rokland* einen isländischen Django als Rächer der Enterbten zu Pferd quer über die Insel in die Hauptstadt ziehen lässt, um dort in ohnmächtiger Revolte um sich schießend ein Fernsehstudio zu stürmen. »Materielles Denken bestimmt alles und jeden. Es geht nur noch um Kaufen, Fressen, Ficken. So sieht das Leben in Island heute aus«, sagt Böddi, der tragische, von allen guten Geistern verlassene Held, bevor er von einem Sondereinsatzkommando der Polizei erschossen wird.

Ganz so drastisch sieht Hallgrímur die Dinge außerhalb seiner Bücher und Artikel nicht.

»Wir Isländer sind immer Fischer gewesen«, sagt er geradezu entschuldigend zu mir, als wir die Uferpromenade im indischen Kochi entlangspazieren. Große Fischernetze hängen nach chinesischer Art an langen Schwenkarmen aufgespannt wie Schleier vor der rasch dem Meer entgegensinkenden Sonne. Die isländische Architektin, die das kleine Hotel in Kerala gebaut hat, ist eine entfernte Verwandte von Hallgrímur. »Das Leben der Fischer ist von der schnellen Reaktion auf das Auftauchen der Fischschwärme abhängig.

Die Unzuverlässigkeit des Meeres, du siehst nie, wo der Fisch steht, ob er überhaupt kommt oder ob er einmal ganz ausbleibt, das zwingt dich dazu, jede Gelegenheit beim Schopf zu packen. So hat uns das Meer erzogen.« Er wimmelt einen der Fischer ab, der für uns sein Netz ausschwenken möchte. »You take picture, Sir. Only tree hundred Rupies, Sir. Cheap price.«

»Die Unbeständigkeit des Wetters an Land genauso«, fährt Hallgrímur fort und lupft seinen Strohhut, um sich den Schweiß von seinem rasierten Schädel zu wischen. »Wenn es in Island einmal trocken ist und die Sonne scheint, machst du Heu, auch wenn gerade Sonntag ist. Nach dem Kalender konnten wir uns nie richten. Wir Isländer sind sicher nicht gut im Planen, schon gar nicht im Vergleich mit euch Deutschen, aber wenn sich irgendwo eine Gelegenheit bietet, schlagen wir ohne Zögern zu.«

So ungefähr haben die Isländer auch Fußball gespielt, bis sie so klug wurden, einen Schweden als Nationaltrainer zu engagieren. Die Aufarbeitung ihrer Finanzkrise hatte sie gelehrt, dass sie in manchen Dingen doch nicht ganz ohne ausländische Berater zurechtkamen. Als es darum ging, die kriminellen Unternehmer, Bankiers und Politiker dingfest zu machen, die für den gewaltigen Schwindel und den daraus resultierenden Zusammenbruch der Wirtschaft und des Bankensystems verantwortlich waren, haben sie sich zum ersten Mal eingestanden, dass sie selbst dazu nicht über genügend Wissen und Erfahrung im Umgang mit Korruption und kriminellen Machenschaften dieses Ausmaßes verfügen, und darum die norwegische Anti-Korruptions-Beauftragte Eva Joly nach Reykjavík geholt, die als Richterin in Frankreich schon im Elf-Aquitaine-Skandal erfolgreich ermittelt hatte.

Nach dem Ruin ihrer Volkswirtschaft Ende 2008 sahen die isländischen Gelegenheitsfischer keinen anderen rettenden Fischschwarm mehr als den der Touristen. Und sie warfen, ohne zu zögern, sofort alle Netze aus. Die Isländer, die nicht an Fischfangquoten reich werden konnten, weil einige wenige Quotenkönige, wie sie in Island heißen, sie unter sich aufteilen, wollen Schwärme von Touristen fangen und bauen die Infrastruktur dafür weiter und weiter aus. Im Jahr 2014 kam knapp eine Million ausländischer Besucher zu den 350 000 Isländern, 2015 waren es schon 1,3 Millionen, noch einmal ein Anstieg um dreißig Prozent oder fast die gesamte Inselbevölkerung binnen eines einzigen Jahres. Für 2017 werden bis zu drei Millionen Besuchern prognostiziert. Die Hälfte aller neu zugelassenen Autos in Island geht inzwischen auf das Konto der Mietwagenfirmen. Der Tourismus ist seit der Krise 2008 mit Zuwachsraten eines durch die Decke gehenden Start-up-Unternehmens zur tragenden Säule der isländischen Volkswirtschaft geworden und generiert mittlerweile ein Drittel ihrer Einnahmen. Die Zahl der Besucher in Island hat in den letzten fünf Jahren um insgesamt 264 Prozent zugenommen. Nicht schwer, sich auszumalen, was eine solche Lawine von Menschen in dem dünn bevölkerten Land mit seiner fragilen Natur anrichtet.

1983 stand unser Zelt einsam und allein im strömenden Regen am Seljalandsfoss, und wir mussten nach unserer Übernachtung bis Mittag warten, ehe ein Auto vorbeifuhr (das uns dann nicht mitnahm). Heute ist der längst angelegte Parkplatz am Wasserfall nie leer. Olaf Krüger, als Landschaftsfotograf seit vielen Jahren in Island unterwegs, klagt, er könne an solchen Orten nur noch mit Langzeitbelichtungen fotografieren, um die Scharen von Besuchern auf seinen

Aufnahmen wenigstens zu Schemen verwischen zu lassen. Menschenleer bekomme man die bekannten Naturwunder Islands einfach nicht mehr vor die Linse.

Dabei kommen die Besucher gerade wegen dieser Naturwunder und der leeren Weite, die sie umgibt. Um einmal unzerstörte, von Menschenhand kaum veränderte Natur zu erleben, trampeln sie in Herden darin herum. Es ist das seit Langem bekannte, immergleiche Lied: Indem die Touristen nicht mehr als Einzelne, sondern als Masse Schönheiten aufsuchen, die sie bewundern möchten, zerstören sie sie.

Im gleichen Takt, in dem die Isländer Touristen anlocken, schimpfen sie hinter vorgehaltener Hand zunehmend darüber, dass sie das Land nie mehr in Ruhe für sich haben und ihre Insel vor die Hunde geht. Dabei ist Tourismus wahrlich kein neues und unbekanntes Phänomen, und was er anrichtet mit einem Land, über das er in Scharen herfällt, konnte man schon an vielen anderen Urlaubsregionen dieser Welt beobachten. Aber die Isänder sind eben auch nicht klüger als andere, und wenn man ihnen kurzfristig eine zusätzliche Einkommensquelle verspricht, pfeifen auch sie bislang jedenfalls noch mehrheitlich auf die Verantwortung, die sie für das Land und die nachfolgenden Generationen tragen.

Wenn man sich heute am Geysir oder unter den Busladungen von Kreuzfahrttouristen am Mývatn umsieht, erkennt man überdeutlich, dass eine kritische Grenze überschritten ist. Mit der unberührten Natur Islands ist es für lange, lange Zeit vorbei.

Dass man das vollkommene Schweigen, das ich an einem windstillen Tag zwischen den Kratern der Lakagigar am Rand des Vatnajökull gehört oder eben nicht gehört habe, nicht mehr erleben kann, ist nur noch eine Frage kurzer Zeit.

Vor mir lag das blanke, doch in der unfruchtbaren Umgebung auch erloschen wirkende Auge des Lambavatn, rundum klafften nur die Schründe und Klüfte der riesigen Erdspalte mit Flächen schwarzer Asche und einigen Moosflecken dazwischen, und es gab keinen Laut. Kein Vogel rief, nicht einmal Windbrausen, nur vollkommene Stille. Die Stille des ersten Tages, der dort noch kein Ende genommen hatte.

Um sie nicht zu stören, zögere ich, meine eigenen Erdbeerstellen preiszugeben. Eine von ihnen habe ich in strömendem Regen, über schmale, schlüpfrige Saumpfade im Gebirge nur allein mit meinem Bruder gefunden. Doch was gibt es auch noch preiszugeben, wenn schon etwas so weit Abgelegenes wie das winzige Schwimmbad auf Krossnes im äußersten bewohnten Fjord der Westfjorde seine eigene Facebook-Seite hat? Nein, ich werde es nicht tun; bis auf eine, die kaum in Gefahr schwebt, Massen ausländischer Touristen anzuziehen, weil sie für Europäer, Amerikaner und Asiaten nicht fremdartig genug ist. Außerdem wird sie von einem Seeungeheuer beschützt, sagen die Einheimischen. Ich habe es nie gesehen, obwohl ich oft da war. Mir reicht es, die realen Ungeheuer zu sehen. Darum vermag ich trotz der (schlecht auflösenden) Filmschnipsel von der Riesenseeschlange im Lagarfljót, die auf YouTube immer wieder auftauchen, nichts über ein Ungeheuer von Loch Lagarfljót zu sagen. Mich trieb beinah alljährlich etwas ganz anderes in das Fljótstal bei Egilsstaðir: Wald.

Wenn der kurze Sommer vorüber war, die Ebereschen und die Lärchen in den Gärten und Parks von Reykjavík für einige sonnige Tage das Spätgold des Herbstes anlegten, dann fehlten mir Wälder. Dann wollte ich durch Farnmeere unter hohen Bäumen waten, wollte sehen, wie das Licht der tiefer stehenden Sonne durch goldenes Laub gesiebt in Strahlenbündeln schräg zwischen dunklen Stämmen einfällt, wollte den erdig würzigen Duft von Nadelwäldern und Waldboden einatmen und mit Coopers Pfadfinder rufen: »Ihr seid kein Freund meines Glückes, Meister Cap, wenn Ihr mich dem Schatten der Wälder entführen und in die Sonne des gelichteten Landes setzen wollt.« – »Natty hatte schon recht: Wälder sind das Schönste!« Doch der einzige in Island für solche Anfälle von romantischer Spinnerei geeignete Wald befindet sich am Reykjavík entgegengesetzten Ende der Insel, in Hallormstaður am Lagarfljót.

Wenn ich von Reykjavík aus zum anderen Ende der Insel möchte, nehme ich meist die Südroute. Die Fahrt von West nach Ost schreibt auf ihr dem Roadmovie die richtige Dramaturgie ins Drehbuch. Die Höhe und die Wucht der Berge, an denen man vorüberfährt, steigern sich von Gletscher zu Gletscher, die weiten Ebenen an den Küstenabschnitten dazwischen erstrecken sich immer noch weiter, noch leerer, noch grandioser, noch herrlicher.

Ich bin kein übermäßig musikalischer Mensch, und doch ähnelt für mich die Abfolge der Landschaften, die auf dieser Fahrt an einem vorüberziehen, einer sorgfältig komponierten und sich immer weiter steigernden Sinfonie in wechselnden langsamen und dramatischen Sätzen. Zum ersten Mal ging mir das auf, als ich einmal von einer Fahrt ins Hochland durch das sich erweiternde Tal der mächtig dahinströmenden Þjórsá ins grüne Südland zurückfuhr und beim Erreichen von bewohntem Gebiet das Radio einschaltete. Der zweite Satz von Schumanns Frühlingssinfonie ist für diese Landschaft geschrieben.

Das ist keine originelle Entdeckung von mir, wie ich später las. 1875 kam Elizabeth Jane Oswald, die jüngste Tochter eines schottischen Generals, zum ersten Mal von Edinburgh herüber und hatte deutlich weniger zu meckern und zu jammern als der die Entartung seiner zu Samojeden degenerierten edlen Germanen beklagende Salon-Germane Nordau im Jahr zuvor. Im Gegenteil, Lady Oswald war von der Insel so begeistert, dass sie in den folgenden Jahren noch zwei weitere Islandreisen unternahm, auf denen sie sich bravourös als »würdige Vertreterin der abgehärteten Gattung weiblicher britischer Reisender des neunzehnten Jahrhunderts« bewährte. Ihre gesammelten Island-Erinnerungen veröffentlichte sie 1882 unter dem Titel *By Fjell and Fjord*, und darin schreibt sie: »In Island allein ist man wirklich allein, und die unbehauste, ungestörte Wildnis teilt dem Geist etwas von ihrer furchteinflößenden Stille mit. Es war, wie edler Musik zu lauschen [...] Wenn die Landschaft Italiens wie Mozart ist, wenn die Schweiz süß und sublim mit der Kunst Beethovens korrespondiert, dann können wir Islands Natur mit der Musik der Modernen vergleichen, sagen wir Schumann in seinen verrücktesten und wildesten Momenten.«

Wie Poul Vad biege ich von Egilsstaðir in das lange und breite Tal ein, an dem ich bei meiner ersten Landung eilend vorbeigefahren bin; der Kreis schließt sich, doch ist nichts weiter dabei, denn was sollte auch sonst geschehen, wenn man sich auf einer Insel bewegt? Zu meiner Rechten erstreckt sich der lang gezogene See Lagarfljót, immer von Gletschermilch getrübt, und wirft die Farbe des Himmels matt wie ein behauchter Spiegel zurück. Es ist bedeckt, der Himmel rauchgrau, der Seespiegel von einem helleren, matten Grau, herbstbunte Lärchenhaine leuchten vor diesem monochromen Hintergrund, als würden nur sie allein in rotem Sonnenlicht baden. Auf einem kleinen Weiher schwimmt ein Paar Singschwäne vor dem Rückflug in wärmere Gefilde. Die Straße führt immer am Ufer entlang, Weiden, auf denen Pferde grasen, wechseln mit ersten Waldstücken, schon ganz in Bäume gebettet, schauen nur noch die spitzen Giebel der Hauswirtschaftsschule über Baumwipfel hinaus. Dann das hübsche, alte Forsthaus der ehemals dänischen Forstverwaltung. Beileibe kein indisches Dansborg in Island, aber doch ebenso ein übrig gebliebener, sichtbarer Außenposten des einstigen dänischen Kolonialreichs.

Gegen Ende des 19. Jahrhunderts hatten Erosion und die Verwehung von fruchtbarem Boden in Island ein solches Ausmaß erreicht, dass selbst in den fernen Ministerien in Kopenhagen Handlungsbedarf und die Notwendigkeit staatlich geförderter Gegenmaßnahmen erkannt wurden. Weniger als ein Viertel der Insel war überhaupt noch von Vegetation, in welcher Form auch immer, bedeckt. 1901 wurde von der staatlichen dänischen Forstverwaltung der Forstwirt Christian E. Flensborg nach Island entsandt.

In Hallormstaður fand er noch einen Restbestand von altem Birkenwald und hielt die Gegend für geeignet, mit der Anpflanzung eingeführter Baumarten zu experimentieren. Zunächst ließ er Fichten und Zirbelkiefern aus Sibirien pflanzen, später kamen Kiefern und andere Nadelbäume aus Norwegen hinzu, die Schonungen wurden gegen Schafverbiss eingezäunt und zum ersten Naturschutzgebiet Islands erklärt. In ihm wachsen heute über achtzig verschiedene Baumarten, darunter amerikanische Felsen- und Hemlocktannen, Balsampappeln aus Alaska, Douglasien und

Rotzedern oder Riesen-Lebensbäume aus den Regenwäldern der amerikanischen Westküste, europäische Kiefern und Tannen, Eschen, Bergulmen, Espen und sogar Eichen. 1938 gepflanzte Sibirische Lärchen haben mittlerweile eine Wipfelhöhe von über zwanzig Metern erreicht und sind die höchsten Bäume auf der Insel. Mit Setzlingen aus der hiesigen Baumschule der heute isländischen Forstbehörde versucht man überall in Island, dem immer noch nicht beendeten Abtrag von fruchtbarem Boden entgegenzuwirken.

Ich stelle den Wagen beim Arboretum ab, er ist der einzige auf dem Parkplatz, und schlage mich abseits davon in die Büsche; werde zu einem stummen Schatten zwischen eng stehenden Tannen und lichteren Kiefernbeständen auf federndem, grasbewachsenem Boden. Ich schnüre ab in die Wälder, nicke indianisch mit rot gefiederten Zweigen der Ebereschen, flechte mich zwischen Birken mit ihren hellen und dunkelrissigen Stämmen, zwischen denen hohe Farne dicht an dicht stehen. Ich wate hindurch und kämme mit den Händen die Wedel. Wo der Boden etwas trockener ist, stehen frische Birkenpilze und recken sich unter breiten Hüten danach, am Abend in meiner Pfanne zu schmoren. Die Gießbäche, die oben vom Berg herabkommen und in vielen Adern zwischen den Bäumen rieseln, führen Millionen gefallener, kleiner Blätter mit sich, gelb, braun, rostfarben und rot. Das Blaubeergesträuch weiter oben am Hang, wo es schon felsig wird, steht in Herbstflammen. Ich werfe mich ins sibirische Tigermuster der Lärchen. Jede einzelne steht wie eine brennende Fackel: Aus dunklem Rotgold im dichten Gezweig nahe dem Stamm leuchtet die Lohe zu den Astspitzen hin wie orangegelber Feuerschein, hellgelb in den äußeren Nadeln. Als ich weit oben am Hang aus dem Wald trete, zieht in der Höhe ein Rabe einen schwarzen Schlitz über den Himmel. Für einen Moment habe ich den Eindruck, ich könnte durch den gleitenden Riss in die Schwärze des Weltalls blicken. Einmal krächzt der Rabe tief, und es hallt dermaßen durch die Stille, dass ich zusammenzucke. Ich rufe ihm einen rauen Gruß hinterher und mache mich auf den Rückweg, tauche noch einmal in den stillen, einsamen Herbstwald, folge einem sprudelnden Bach, trinke das köstliche, kühle Wasser. Nein, es gibt keine Bären, die es verunreinigen könnten, »keine Schlangen, keine giftigen Skorpione, keine stechenden Insekten – es ist eine friedliche Insel«, wie der Schwede Per Olof Sundman in seiner modernen Adaption der *Hrafnkels saga* schreibt. »Der schönste Vogel ist der Falke. Stundenlang kann er im Aufwind schweben, bevor er sich wie ein Blitz auf seine Beute stürzt. Nein, noch schöner ist der Rabe – blauschwarzes Gefieder, blauschwarzer Schnabel, leuchtende Augen. Undurchdringlich gelb ist sein Blick, wenn er am frühen Morgen dort sitzt, wohlgenährt und satt. Es heißt, man könne Raben zähmen. Falsch. – Nicht du bist sein Herr, er ist deiner. Wahrlich, eine friedliche Insel.«

Auf einer Felsplatte über dem See trete ich aus dem Wald. Drüben, am jenseitigen Ufer steht mein Domizil für diesen Monat: das ganz und gar unisländische Haus, das sich Gunnar Gunnarsson vom deutschen Architekten des Hamburger Chile-Hauses, Fritz Höger, zeichnen ließ, um darin seinen Traum eines autarken Großbauern wie in Sagazeiten zu leben. Mit achzehn Jahren war der Sohn eines Kleinbauern mit dem festen Vorsatz an Bord eines Schiffs nach Kopenhagen gegangen, einmal ein berühmter Schriftsteller zu werden.

Dank seines unbändigen Ehrgeizes und nie nachlassenden Fleißes wurde dieser Traum wahr. Nach nur fünf Jahren und unzähligen Seiten veröffentlichte Gunnar Gunnarsson Romane, die sich in Dänemark, in Deutschland und anderswo in Auflagen von mehr als 100 000 Exemplaren verkauften. Als populärer und geachteter, sogar für den Nobelpreis nominierter Autor und vermögender Mann kehrte er 1938 in den Osten Islands zurück, um sich am Ort seiner Kindheit einen weiteren Traum zu erfüllen, den von einem Herrenhaus und einem Leben als Bücher schreibender Großbauer. Doch der war schneller ausgeträumt, als sich der Träumende wünschte, und Gunnar zog nach Reykjavík, um sich dort das genaue Gegenteil seines Berghofs, ein damals ganz und gar modernes Stadthaus im Bauhaus-Stil, errichten zu lassen, wie er es in seinem Roman *Vikivaki* vorweggenommen hatte.

Gunnars Hof im Fljótsdalur steht auf einer Terrasse über dem Zufluss des Sees und vor einer gestuften Bergwand aus dicken Basaltschichten. Die Stufen sind so markant, dass man einen Abschnitt der Bergwand die Trollweibstiege genannt hat. Genauso wuchtig, wie von den klobigen Händen eines Trollweibs gefügt, wurde die ganze Fassade des zweistöckigen Hauses unter einem tiefen, grasbewachsenen Dach rundum mit schwarzen Lavabruchsteinen verkleidet, die in weißen Mörtel eingebettet wurden. Es gibt kein zweites Haus wie dieses in Island. Im Innern ist es sehr viel wohnlicher, als die groben Trutzburgmauern vermuten lassen. Helle Wände, viele Fenster, alte Holzdielen auf dem Fußboden, Zentralheizung, offener Kamin im Salon mit einem großen Balkon zur Seeseite, ein gekachelter Kaminofen in Gunnars geräumigem Arbeitszimmer, eine zeitgenössische

Designerlampe von Poul Henningsen mit Opalglasschirmen als Leuchte auf dem Schreibtisch am Fenster. An diesem Platz, mit dieser Aussicht lässt sich trefflich schreiben. Und das Haus, der ganze Ort ist eine stille Schule der Geduld.

Die klösterlich anmutende Abgeschiedenheit kommt nicht von ungefähr. Wie der Hofname Skriðuklaustur erkennen lässt, stand hier früher einmal ein Kloster, das letzte, das in Island gegründet wurde. Höchstwahrscheinlich im Jahr 1493, als gerade eine zweite Welle der Pest auf der Insel umlief. Eine Kirche stand bereits lange vorher auf Skriða, doch in jenem Jahr unternahm Bischof Stefán Jónsson aus dem südisländischen Bistum Skálholt eine Visitationsreise durch das seiner Diözese unterstehende östliche Landesviertel, und einige seiner Begleiter wurden Opfer recht ruppiger Überfälle. Im Wilden Osten Islands mangelte es vermutlich infolge der Pest an öffentlicher Ordnung. Der sollte die Gründung eines Klosters als Stützpunkt der noch am besten organisierten Macht im Land wohl aufhelfen. Ganz nebenbei bekam die Kirche durch die Klostergründung eine gute Ausgangsbasis, um durch die Seuche herrenlos gewordenes Land in ihren Besitz zu bringen. Die beiden ersten Prioren von Skriðuklaustur erwarben Landrechte an nicht weniger als vierzig Höfen.

Im Kloster lebten nur vier bis sechs Augustinermönche, doch wurden sie von einer größeren Schar von Laienbrüdern und anderen Helfern unterstützt, damit sie außer ihren geistlichen Aufgaben eine Schule und vor allem ein Spital unterhalten konnten. An den bislang exhumierten Skeletten des ehemaligen Friedhofs ließen sich neben den üblichen Zahnerkrankungen und schlecht verheilten Knochenbrüchen Krankheiten wie Tuberkulose, Lepra und Syphilis nachweisen. Mit Durchsetzung der Reformation wurde das Kloster 1554 aufgelöst.

Auf dem Nachbarhof hat Gunnar Gunnarsson die glücklichsten Jahre seiner Kindheit verbracht, auf dem Pfarrhof Valþjófsstaður seines Onkels, Séra Sigurður Gunnarsson, der als Abgeordneter seines Wahlkreises im Althing für einige Jahre nach Reykjavík gegangen war. Valþjófsstaður galt als Hof, der einen Pfarrer standesgemäß versorgen konnte. Das mittelalterliche Portal seiner Kirche stellt heute eine der größten Kostbarkeiten des isländischen Nationalmuseums dar. Ursprünglich muss es einmal als Prunkstück den Eingang zum Haus eines weltlichen Großen geziert haben, bevor es später verkleinert und in die Kirche eingepasst wurde. Das lassen zwei große, kreisrunde Reliefs erkennen, die ober- und unterhalb des bronzenen Türklopfers in die breiten Bohlen geschnitzt wurden. Das untere stellt eine wahre Schlangengrube dar. In der verwirrenden Stilisierung germanischer Tierornamentik verschlingen und verbeißen sich dort, in vollendeter Kunstfertigkeit geschnitzt, vier schlangenförmige Drachenleiber mit Klauen und Zähnen ineinander.

Das obere Relief ist unterteilt. In seiner unteren Bildhälfte sieht man ebenfalls einen Drachenleib; doch wird er gerade von einem Ritter zu Pferd mit dem Schwert durchbohrt. Der Ritter trägt einen spitzkonischen Helm und einen dreieckigen Schild nach Art der normannischen auf dem Bildteppich von Bayeux auf den Rücken geworfen und wird von einem Vogel, vielleicht einem Jagdfalken, begleitet. Links wendet sich ein von dem Drachen umschlungener Löwe zur Flucht.

Im oberen Bildfeld sieht man den Ritter friedlich durch die Lande tölten. Der Löwe folgt ihm wie ein Schoßhündchen auf dem Fuß. Ganz rechts liegt der Löwe mit traurig gesenktem Kopf auf einem mit einem Kreuz bezeichneten Grab. Darunter sind Runen eingeritzt. Sie bedeuten: »Der reiche König, der hier begraben liegt, tötete diesen Drachen.«

Offensichtlich handelt es sich um eine bildliche Darstellung der Geschichte des Löwenritters aus dem Umkreis keltischer Artus-Epik, die im Mittelalter weit verbreitet war. Ihre bekannteste literarische Ausformung erhielt sie um 1180 in der französischen Champagne durch Chrétien de Troyes in seinem Versroman *Yvain ou Le Chevalier au lion*. Aus der Zeit um 1200 stammt die mittelhochdeutsche Bearbeitung des Hartmann von Aue. Und seit dem Jahr 1226 ließ König Hákon IV. von Norwegen von gebildeten Geistlichen an seinem Hof in Bergen mehrere französische höfische Versepen in die nordische Sprache übertragen. Dabei wurden auch die im Norden nicht üblichen Endreimverse in Sagaprosa übersetzt. Die *Ivens saga* ist in Island sehr populär geworden und in fünfzehn Handschriften erhalten. Eine davon muss den Weg nach Valþjófsstaður gefunden haben, dem hintersten Gehöft im Tal des Lagarfljót.

Wer den Songlines isländischer Genealogien folgt, kann auch herausfinden, warum solche hochstehenden Erzeugnisse verfeinerter höfischer Kultur aus Europa ausgerechnet nach Valþjófsstaður kamen: Es war der Stammsitz einer ganzen Dynastie von isländischen Großen, die in der Spätzeit des Freistaats über mehrere Generationen den gesamten Osten der Insel unangefochtener beherrschten als irgendeine andere Oligarchenfamilie einen anderen Teil der Insel. Die nach ihrem zweiten Großhof Svínafell an der Südküste bei Skaftafell unter dem Hvannadalshnúkur benannte Sippe saß so unangreifbar in ihrem Landesteil hinter den Gletschern, Sandern und Hochlandwüsten, dass sie und mit ihnen der Osten der Insel die Oberhoheit des norwegischen Königs erst zwei Jahre nach allen anderen Isländern akzeptierten. Zur Familie gehörte Brandr Jónsson, der als Abt eines Klosters und später Bischof das Hexameterepos *Alexandreis – sive gesta Alexandri Magni* des Walter von Châtillon aus dem Lateinischen in eine isländische Prosa übertrug, die einen Halldór Laxness Jahrhunderte später in helles Entzücken versetzte. Brands Neffe Oddr Sæmundsson leitete von Valþjófsstaður aus für einige Jahre die Geschicke der Familie. Er war standesgemäß verheiratet mit Randalín Filippusdóttir aus der prominentesten Familie des mittelalterlichen Islands überhaupt, den Leuten auf Oddi im Südland. Der Sohn ihres Stammvaters hatte eine Tochter des norwegischen Königs zur Frau bekommen. Sie waren so kultiviert, dass sie ihren Kindern gern exklusive ausländische Namen verliehen. Randalín nannte ihre Tochter nach der schwedischen Königin Rikissa aus dem dänischen Königshaus. Ihre Onkel und Vettern hießen Vilhjálmur, Kristóforus, Theóbaldo oder Karlamagnús. Randalíns Mann Oddr fiel am 14. Januar 1255 im Kampf gegen einen aus Norwegen entsandten Bischof. »Er war ein großer und kräftiger Mann; man konnte ihn an reiner Körperkraft nicht den Stärksten nennen, aber er war doch von allen der kräftigste und geschmeidigste und zu allen Arten der Körperertüchtigung am besten befähigt. – Oddr war kaum fünfundzwanzig, als er fiel.« So heißt es in der zeitgenössischen *Sturlunga saga*. Diese und weitere Beschreibungen Odds haben Anlass zu der Vermutung gegeben, nach ihm sei der Held Gunnar in der *Njáls saga* gestaltet und Odds Bruder Þórvarðr womöglich der Autor der Saga. Randalín blieb nach dem Tod ihres Mannes auf Valþjófsstaður wohnen. In den Quellen wird sie namentlich als »die kunstfertigste aller Frauen« bezeichnet. Vielleicht hat sie mit ihrer künstlerisch begabten Hand ihrem Mann als Löwenritter in der Eingangstür ihres gemeinsamen Hauses ein Denkmal geschnitzt.

Und vielleicht hat der international gefeierte Literat Gunnar Gunnarsson heimlich ein ganz klein wenig von diesen vergangenen großen Zeiten auf seinem Heimathof geträumt, als er sich auf dem Gelände des ehemaligen Klosters nebenan seinen eigenen Großhof errichten ließ, der mit dreißig Zimmern, über 300 Quadratmetern Wohnfläche und einem eigenen Gesindeflügel etwas reichlicher bemessen ist, als für die Unterbringung seiner Kernfamilie erforderlich gewesen wäre.

Wo sind die Wörterbücher des Windes, der Gräser?

Tagsüber war Gunnar Gunnarssons Haus als Museum geöffnet, doch verirrten sich in den Herbsttagen nur wenige Besucher in diesen hintersten Teil des Tals. Gelegentlich legte ein Trupp Jäger eine Kaffeepause in dem kleinen Café im Erdgeschoss unter dem mächtigen Säulenumgang der Terrasse ein, bevor er zur Jagd auf Wildgänse oder Rentiere ins Hochland aufbrach. Vom Spätnachmittag bis zum nächsten Vormittag war ich der alleinige Bewohner von Gunnars Odalshof.

Jeden Morgen trat ich nach dem Aufstehen als Erstes vor die mit breiten, brünierten Eisennägeln beschlagene Haustür ins Freie und sog die scharfe, kühle Hochlandluft ein. Der Fluss in etwa zwei Kilometern Entfernung schickte sein Rauschen als einzig hörbaren Laut herauf, wenn nicht gerade ein Flug Graugänse schreiend über den Himmel zog. Danach kehrte wieder Stille ein. Eine gute, keine lastende Stille. Sie überwältigte nicht, sondern ließ Raum. Viel Raum. Der breite Bergrücken drüben auf der anderen Talseite strahlte eine ruhige Kraft aus. Die aufgeforsteten Wälder an seinen

Flanken wirkten aus der Ferne, als hätte ihm jemand einen modischen Kinnbart angeklebt, dessen er nicht bedurfte. Seine nackten Felsbänder und Basaltschichten waren seine Muskelstränge, eines Morgens sittsam höflich in ein weißes Hemd gekleidet, in der Nacht hatte es zum ersten Mal geschneit, doch darunter zeichneten sie sich ab, als wären sie jederzeit bereit, sich spielerisch zusammenzuziehen oder zu strecken.

Im Lauf des Tages schmolz der größte Teil des Schnees unter der noch wärmenden Herbstsonne, und ich beschloss, über die Trollweibstiege zu einem Abendspaziergang auf dem Hochplateau über dem Berg hinter dem Haus aufzubrechen. Einige Kilometer vom Haus entfernt führte zwar eine gewundene Jeeppiste hinauf, aber sie verlor sich dann irgendwo in den weiten Geröllflächen. Da konnte ich ebenso gut den direkten Weg nehmen.

Heute führt eine leicht zu befahrende Straße hinauf zu dem Kraftwerk in der Nähe der bis zu 180 Meter hohen Staudämme, den höchsten Europas, mit denen man die bevorzugten Brutgebiete der Kurzschnabelgänse in Island unter Wasser gesetzt hat. Damals konnte man durch das Erklettern von ein paar Hundert Höhenmetern noch zu Fuß einen der letzten *Wild Places* erreichen, über die Rentiere streiften und Gerfalken jagten.

Der unterste Teil des Hangs ist mit Gras bewachsen, auf den Absätzen der nächsten Stufen ranken noch die Sprossen von Steinbeeren, darüber wird der Bewuchs rasch karg. Je höher ich hinaufkomme, desto rissiger ist der bräunliche Basalt, Wasser und Frost haben das Gestein aufgesprengt und zerlegen es immer weiter. Von den oberen Schichten haben die Erosionskräfte schon einiges abgetragen, die Klippenbänder weichen bröckelnd immer weiter zurück, doch jedes Mal, wenn ich glaube, oben angelangt zu sein, zeigt sich noch eine weitere Stufe. Darüber treiben Abendwolken heran. Raben umkreisen mich, verärgert über mein Eindringen, eine tief hängende Wolke weint ein paar Tropfen. Ich setze die Mütze auf und klettere weiter. Die Raben streichen missmutig ab.

Als ich die oberste Stufe endlich erreiche, zieht auch die Wolke vor der Sonne ab, und zwei Mutterschafe mit ihren fünf Jungen, die verdutzt stehen bleiben und die Fluchtdistanz abschätzen, bekommen im Gegenlicht goldsprühende Vliese. In einem der Altschafe steigt eine dumpfe Erinnerung an das Vorjahr auf; es glaubt in mir den Vorboten der Treiber zu erkennen, die kamen, um sie ins Tal und ihre Jungen ins Schlachthaus zu treiben. Es stößt ein warnendes Blöken aus, und alle stieben in hopsenden Sprüngen davon in die unumzäunte Freiheit. Ich sehe ihnen nach und wende mich in eine andere Richtung, streife eine Weile ziellos über die Heide, die sich in Wellen weit, weit nach Westen erstreckt. Ich hoffe, eine ziehende Rentierherde zu entdecken oder einen Gerfalken in schwerem Flug. Doch nur ein Merlin schießt im Tiefflug vorbei, vielleicht derselbe, dessen Stimme ich morgens in der Frühe hell wie ein Falkenglöckchen vor dem Fenster höre.

In dem klaren Herbstlicht sollte hier oben eigentlich der höchste Berg des östlichen Hochlands, der Snæfell, zu sehen sein, doch noch scheint er von einer Anhöhe verdeckt. Ich steige eine lang gezogene Geröllhalde hinauf. Erst eine vom Wind aufgebrochene Buckelwiese, dann nur noch Gesteinstrümmer mit verstreuten Polstern von Stengellosem Leimkraut und Arktischem Thymian, Rentierflechte, Graumoos. Auf Felsbrocken uralte Flechten in schönen Farbnuancen von gebrannter Erde zu lichtem Ocker, andere dazwischen dunkelgrau bis schwarz. Als ich in ihre Betrachtung vertieft die oberste Kuppe der Anhöhe erreiche, steht halbrechts plötzlich der Snæfell vor mir, in der klaren Luft viel näher, als ich erwartet habe, und auch viel massiger, obwohl seine Gipfelregion unter einem Wolkenpolster liegt. Seine schwarz-weiß gestreiften Flanken sehen recht steil aus. Der höchste Berg Islands außerhalb des Vatnajökull. Ein alter Vulkan, der seit der Eiszeit nicht aus seinem Kälteschlaf erwacht ist. An seinem Fuß steht die einsame Berghütte, von der aus man über eine Zunge des Vatnajökull ins Lónsöræfi und sein vergessenes Weidental wandern kann. Mein Blick schwenkt weiter. Ganz weit im Süden funkeln vergletscherte Gipfel und gewölbte Eisrücken im roten Abendlicht, Ausläufer des Vatnajökull, vermutlich die Goðahnjúkar, die Göttergipfel. Wie ein allerletztes Rückzugsgebiet heidnischer Götter und uralter Eisriesen sieht es jedenfalls aus.

Auch Víðidalur war jahrhundertelang nicht mehr als eine Legende. Schon immer haben die Bauern an den Rändern des Vatnajökull Geschichten erzählt von grünen Tälern, die irgendwo in den endlos weiten Eisfeldern des Gletschers, groß wie die gesamte Insel Korsika, eingeschlossen von himmelhohen Eiswänden, dank heißer Quellen einen eisfreien, grasig grünen Dornröschentraum träumten. Víðidalur ist so ein Tal; es liegt zwar nicht im Gletscher, aber doch seinem Rand so nah, dass es von seinen Zungen und unübersteigbaren Randbergen bis auf einen einzigen Zugang vollständig umschlossen wird; ansonsten »für niemanden außer fliegenden

Vögeln passierbar«, heißt es in einem alten Bericht. Erst 1834 gab es, aus Not und Verfolgung geboren, einen ersten Versuch, das Tal zu besiedeln. Vom Hof Aðalból im Hrafnkelstal aus. Dort hatten Stefán Ólafsson und seine Frau Anna ein Kind, das Stefán einer Magd gemacht hatte, als eigenes ausgegeben. Als der Schwindel aufflog, wollten sie sich im Weidental der Prügelstrafe für das Unterschieben des Bankerts entziehen. Nach vier Wintern resignierten sie.

Ein Jahrzehnt nach ihnen flohen erneut Menschen vor dem Amtmann, der sie wegen »außerehelicher Unzucht« verfolgte, ins Tal. Schon im ersten Winter walzte eine Lawine über den Hof. Der fünfzigjährige Bauer und seine beiden Söhne kamen im Wohnhaus um. Die Bäuerin und ihre Tochter wurden in einem Nebengebäude verschüttet. Wochenlang harrten sie darin aus, bis sie durch ein Fensterloch draußen wieder Hell und Dunkel unterscheiden konnten. Dann machte sich Ólöf Nikulásdóttir, gestützt auf das Mädchen, mit einem gebrochenen Bein auf den Weg. Tage später fand sie ein Hirte in einer Schneewehe, wo sie sich zum Schutz vor einem neuerlichen Schneesturm eingegraben und so überlebt hatten.

Als der Geograf Thorvaldur Thoroddsen 1882 Víðidalur besuchen wollte, ließ er sich den Weg dorthin von Sigfús Jónsson, dem Bauern im nächsten Fjord, zeigen. Dem muss das Tal ähnlich schön vorgekommen sein wie mir. Jedenfalls beschloss er, seine Wirtschaft dorthin zu verlegen, und richtete mit Frau und Sohn die alten Hofgebäude wieder her. Diesmal ließ sich alles besser an. Obwohl eine Lawine noch einmal Ställe und Gebäude einriss und immer wieder Schafe in Schneestürmen oder Schluchten verschwanden, ernährte der Hof Anfang der 1890er-Jahre mehr als zehn Personen.

Dabei begnügte man sich mit Ausnahme von Mehl, Kaffee, Zucker und Schnupftabak, die sie auf dem Rücken von der Küste heranschafften, allein mit eigenen Erzeugnissen. An einem einzigen Herbsttag soll einer der Bauernjungen nicht weniger als 119 Schneehühner geschossen haben. Rentiere zeigten sich hingegen nur noch selten. Im Winter 1892 lag der Schnee bis weit in den April hinein im Tal, und als er endlich schmolz, kam das Gras darunter schon grün zum Vorschein. In solchen Wintern schleppten Sigfús und seine Söhne auf Skiern Ballen von sechzig Pfund Heu zum Vieh auf die höher gelegenen Weiden. Holz gab es kaum noch. Geheizt wurde mit dem trockenen Reisig der Beerensträucher. 1897 gab auch diese Familie auf und zog an die Küste. Seit 120 Jahren liegt der Hof im Víðidalur wieder wüst. Das frisch abgeworfene Rentiergeweih, das ich auf einer meiner Wanderungen zwischen den überwucherten Ruinen fand, nahm ich mit.

Die Natur in Island schenkt einem früher oder später ein Gefühl zurück, das wir seit Langem verloren haben: ein kleiner, verschwindend kleiner Teil von etwas zu sein, das größer, viel größer ist als der Mensch, diese weltbeherrschende und -verderbende Spezies. Dieses Gefühl kann erschreckend sein. Es kann sich aber auch zu einem beglückenden und zugleich trügerischen Gefühl der Verbundenheit mit diesem Größeren, das wir Natur nennen, entwickeln. Trügerisch, weil wir aus dem Umstand, Teil von etwas zu sein, oft die Erwartung von Anteilnahme ableiten. Doch Anteil nehmen kann nur, was selbst empfindet. Eine Lawine auf einen winzigen Ort in einem unausweichlich engen Fjord, ein Lavastrom, der sich als unaufhaltsame Walze von glühflüssigem Gestein sengend und zermalmend über alles hinwegschiebt, was auf seinem Weg liegt, zeigen, welche Gefühle die Natur hegt.

Solche Gedanken gehen mir oben auf der Fljótsdalsheiði beim Anblick des Snæfell durch den Kopf. Der Berg selbst sagt nichts. Er ist stumm. Liegt auf den Geröllflächen des Hochlands wie ein Haufen erstarrtes Ejakulat der Feuerriesen. Nicht der zweite isländische Berg, den ich besteigen wollte.

Der hieß zwar fast gleich, lag aber am entgegengesetzten Ende der Insel, im äußersten Westen. An klaren Tagen konnte ich ihn von meinem Fenster in Reykjavík über die Entfernung von weit mehr als hundert Kilometern Luftlinie an der äußersten Spitze der Halbinsel Snæfellsnes ganz für sich allein über dem Meer schweben sehen. Eine sehr breite, nahezu regelmäßige Speerspitze, die oft den Abendhimmel blutig ritzte. Aus der Nähe betrachtet, dominiert der Snæfellsjökull die Halbinsel in alle Richtungen so absolut, dass man kaum anders kann, als ihm eine unbestimmte, aber spürbare Macht oder Strahlkraft zuzuschreiben. Genau das haben Menschen und Literaten immer wieder getan. Die Kraft des Bergs reichte sogar bis ins stets mit sich selbst beschäftigte Paris zum Schreibtischreisenden Jules Verne, der Island und den Snæfellsjökull zeitlebens nicht einmal aus der Ferne gesehen hat, ihnen aber in der *Reise zum Mittelpunkt der Erde* als Ort des Einstiegs zur Unterwelt ein Denkmal setzte. Spirituell erregbare Menschen, zu denen ich mich nicht zähle, haben »Am Gletscher« noch ganz andere Dinge erlebt als der Beauftragte des Bischofs in Halldór Laxness' gleichnamigem Roman. »Selbst ohne Elfen steckt in dem Lavafeld mehr, als man mit bloßem Auge sieht«, raunte ein Reporter der seriösen BBC 2011 in einem Feature und erzählte, dass Autofahrer am Fuß des Gletschers plötzlich im Rückspiegel fremde Wesen auf dem Rücksitz gesehen hätten. Anfang der esoterischen 1990er-Jahre prophezeite ein britischer Islandtourist namens Michael Dillon, am 5. November 1993 werde ein UFO auf dem Snæfellsjökull landen. Am besagten Tag versammelten sich an die fünfhundert UFO-gläubige Spiritualisten samt einem Kamerateam von CNN am Fuß des Gletschers, doch waren die Besucher aus dem All wohl kamerascheu.

Mein magischer Augenblick am Gletscher fand nicht in nebligem Novemberzwielicht, sondern in einer hellen Augustnacht ein Jahr nach der ausgefallenen UFO-Landung statt. Wir hatten mit Freunden einen Ausflug nach Snæfellsnes unternommen und ihnen unter anderem den schönsten Lesesaal der Welt gezeigt (in der damaligen Gemeindebücherei von Stykkishólmur), oder jedenfalls den mit der weltbesten Aussicht, und dann die Fahrt entlang der Fjorde an der Nordküste von Snæfellsnes fortgesetzt. Wie üblich wehte es heftig, beim Aussteigen hatte uns der Wind schon mehrmals die Autotür aus den Händen gerissen. Dennoch hatten wir in der eisenoxydroten Berserkerlava wacker gepicknickt. Unseren ursprünglichen Plan, dort auch zu zelten, mussten wir allerdings aufgeben und die ganze Ausrüstung wieder verstauen, ehe sie vom Wind verweht wurde.

Auf der Weiterfahrt hinaus zur Spitze der Halbinsel sahen wir den 412 Meter hohen Sendemast des Langwellensenders Gufuskálar bedenklich schwanken und erschauderten vor der Macht und Gewalt, mit der sich der glasgrüne Atlantik weiß schäumend in die schwarze Lava der Bucht von Djúpalón warf. Den Kampf der Giganten besah sich aus großer Höhe, majestätisch weiß und unbewegt, das Gletscherhaupt.

Als wir seine südwestliche Flanke umrundeten, gebot der Berg Stille. Von einem Meter auf den anderen kam der Wind zum Erliegen, wie abgeschnitten. In Anbetracht des heftigen Wütens zuvor war es kaum zu glauben. Wir klappten die Münder auf und zu und klopften uns auf die Ohren, wie man es tut, um zu testen, ob man auch wirklich richtig hört. Dann setzten wir ein paar Meter zurück: Sofort sprang Wind herzu und rüttelte kräftig am Wagen. Also wieder einige Meter vorwärts, und der Gletscher bot uns seinen Schutz.

Zwischen Grashöckern, Moospolstern und Blaubeersträuchern in dem Lavafeld an seinem Fuß schlugen wir die Zelte auf, legten überzählige Heringe über eine Rinne zwischen Lavablöcken, und bald stieg ein Duft von Lammfleisch und wildem Thymian von diesem improvisierten Grill auf. Während das Fleisch knusprig bräunte, betrachteten wir immer wieder die wechselnden Lichtspiele über dem Meer und auf den Flanken des Bergs. »Wenn man den Gletscher lange genug ansieht«, sagt Séra Jón Primus, Laxness' Seelsorger am Gletscher, »hören Wörter auf, auch nur das Geringste zu bedeuten.«

Nicht lange nach dem Essen krochen die anderen gut gesättigt in die Schlafsäcke. Es war empfindlich kühl geworden. Zu zweit saßen wir noch draußen und achteten darauf, dass das Feuer vollständig erlosch. Ganz dunkel war es noch nicht, aber auch die Goldregenpfeifer waren zur Ruhe gegangen, nur ein Regenbrachvogel ließ noch einen lang gezogenen Triller hören, beantwortet vom klagenden Ruf eines Eistauchers irgendwo auf einem Tümpel. Die Heide träumte.

Wir schauten noch einmal zum schlafenden Vulkan auf, und da glaubte ich zu träumen: Genau über dem Gipfel glomm das erste grellgrüne Nordlicht des Jahres auf, als würde es geradewegs aus dem Krater aufsteigen. Der ragende Berg, das geisterhafte Licht über seinem Gipfel, die vielen Geschichten, die sich um ihn rankten – es war in der Tat ein magischer Moment, in dem ich beschloss, dass ich einmal dort oben stehen würde.

Knapp drei Jahre später ist es so weit. Die Pfingstfahrt eines der Wandervereine soll zum Gletscher führen. Wir schließen uns an. Übernachtet wird in einem Gemeindehaus nahe der Mineralquelle, der Þórður Halldórson wunderbare Heilkräfte nachsagte, und Þórður von Dagverðará widersprach man in solchen Fragen nicht. Er kannte sich mit allem aus, was man für ein Leben am Gletscher brauchte, er war an seinem Fuß geboren, und er sah und wusste Dinge, die kein anderer sah. Mit zwanzig fuhr er zum ersten Mal zur See und arbeitete von da an jede winterliche Fangzeit auf einem Trawler, bis sein Schiff 1943 im Krieg von den Engländern versenkt wurde. Danach zog er ins Haus seiner Schwester und lebte dort ohne eigene Frau und Kinder als ewiger Junggeselle, half auf dem Hof, so gut er konnte, denn eins wurde nie aus ihm: ein Bauer. Dazu war er zu unstet und hatte zu viele Flausen im Kopf. Tagelang streifte er durch die Berge und Täler am Gletscher, und keiner wusste so genau, was er tat. Doch dann erkannten die Bauern, dass er ein geschickter Jäger und treffsicherer Schütze war, und engagierten ihn als Fuchsjäger, wenn der Räuber im Silberpelz ihnen zu viele Nester plünderte oder vielleicht sogar ein Lamm von der Weide holte. Zwischendurch malte Þórður Bilder und schrieb Gedichte, die oft den von ihm geradezu verehrten Snæfellsjökull zum Gegenstand hatten. »Da ist diese Kraft, die vom Gletscher ausgeht; eine Energie, die wir weder messen noch erklären können. Wir merken lediglich ihre Wirkung an allem dort, Totem wie Lebendigem, doch seitdem es Geschichten gibt, ist das Leben am Gletscher intensiver, erfüllter gewesen als anderswo im Land«, schrieb er in einem seiner Bücher.

Außer an die magische Kraft des Berges glaubte er auch an die Kraft des rötlich gefärbten Wassers, das er aus den Mineralquellen am Fuß des Gletschers zapfte und täglich trank. Ich habe Þórður noch selbst gesehen, wie er in bereits hohem Alter mit großen Plastikkanistern auf der Straße nach Dagverðará unterwegs war. Die unvermeidliche schottisch karierte Schirmmütze mit großem Bommel auf dem Kopf mit den abstehenden Ohren, einen schon fadenscheinig gewordenen Islandpullover über kariertem Flanellhemd, an den Beinen eine ausgebeulte Trainingshose und hohe Gummistiefel. So kantapperte er gut gelaunt die Schotterstraße entlang, als könne ihm der kilometerlange Weg mit den schweren Kanistern auch mit Mitte achtzig noch nichts anhaben. Einmal besuchte ihn ein Fernsehteam; da vollzog er seine Trinkkur vor der Kamera und bewies die Zauberkräfte des Wassers, indem er ein munteres Hüpftänzchen um die Quelle aufführte. Man nannte ihn auch den »letzten Zauberer am Gletscher«. Er wurde siebenundneunzig Jahre alt.

Obwohl Pfingstsonntag, beginnt der Tag unserer Wanderung um vier Uhr früh. Zwischen den Bergen hängen noch Wolkenfetzen, doch der Gletscher strahlt rosa in der Morgensonne. Auf dem Weg zum Aufstieg rollt der Bus an Þórðurs Hof Dagverðará vorbei. Das Haus des Zauberers steht ganz allein auf offener, grasbewachsener Fläche zwischen

Straße und Meer. Das Dach ist eingestürzt, von den Außenmauern sind faustdicke Stücke abgeplatzt, es sieht aus wie eine im Krieg beschossene Ruine. Die leeren Fenster blicklos starrende, schwarze Augenhöhlen.

Der Bus, der uns eigentlich bis zu einem ersten Sattel hinaufbringen soll, muss nach hundert Metern am Hang umkehren. Der Untergrund ist zu aufgeweicht. Bleiben uns noch gut 1300 Höhenmeter bis zum Gipfel zu laufen. Anfangs geht es sacht bergan, das Tempo ist langsam genug für alle in der Gruppe. Bei 400 Metern erreichen wir die Schneegrenze; Nebel wallt. Auf 600 Metern machen wir auf einer aus dem Schnee ragenden, moosbedeckten Felsrippe Frühstücksrast. Ausgeruht gehen wir das erste Steilstück an. Die Sonne hat den Nebel vertrieben, es wird warm. Ein Kleidungsstück nach dem anderen wird ausgezogen, die hellhäutigen Isländer reiben sich unablässig mit Sonnencreme ein. Der Schnee wird immer weicher und tiefer. Bei jedem Schritt sinkt man bis über den Knöchel ein. Die Gruppe zieht sich merklich auseinander. In 1100 Metern, auf der Höhe des Þríhyrningur, letzte Rast vor dem Gipfel. Kurz nach Mittag kommen die Ersten oben zwischen den beiden Gipfelspitzen an. Den höchsten Punkt bildet eine Felsnadel, die wie ein spitzer Finger oben in die Unendlichkeit weist. Er ist von blankem Eis wie von Zahnschmelz überzogen, meterdick. Mit einer Eisaxt werden an den steilsten Stellen Trittstufen hineingehauen. Unter der Sonneneinstrahlung löst sich beim Ersteigen Eis in großen Brocken und poltert wie Steinschlag nach unten. Dann ist es vollbracht, wir stehen ganz oben, auf dem Gipfel.

Im Norden breitet sich das Panorama der Westfjorde aus. Im Südwesten schwingen sich die Jökulþúfur elegant zu fast gleicher Höhe herauf. Ihr blauer Schatten liegt wie eine verdunkelte Mondsichel auf dem Gletscher. Im Süden und Südosten erkennt man in der Tiefe die Felsformationen der Küste und den goldenen Sandstrand von Breiðalsvík. Dahinter den weiten blauen Atlantik. Nach Nordwesten öffnet sich gleich unter uns ein Spaltenfeld, unter dem die Krater liegen. Wenn ich da unten den richtigen Einstieg für eine Reise zum Mittelpunkt der Erde und darüber hinaus finden könnte, würde ich in Indien herauskommen. So führt eins zum anderen, so hängt alles mit allem zusammen. Oder auch nicht.

Zitierte Literatur

Arnór Sigurjónsson: Vestfirðingasaga 1390–1540, Reykjavík 1975

Auden, W. H./MacNeice, L.: Letters from Iceland, London [3]1985

Balmes, Hans Jürgen (Hg.): Chatwins Rucksack, Frankfurt/Main 2002

Björn Þorsteinsson: Íslensk miðaldasaga, Reykjavík [2]1980

Böldl/Vollmer/Zernack (Hg.): Isländersagas, Frankfurt/Main 2011

Böll, Heinrich: Irisches Tagebuch, Köln 1996

Chatwin, Bruce: Traumpfade, München 1990

Coles, John: Íslandsferð, Reykjavík o. J.

Dufferin und Ava, Frederick Marquis of: Letters from High Latitudes, London 1989

Gunnar Gunnarsson: Schwarze Vögel, Stuttgart 2009

Gunnar Gunnarsson: Vikivaki, Berlin 2011

Halldór Laxness: Das wiedergefundene Paradies, Göttingen 2011

Halldór Laxness: Atomstation, Berlin 1981

Hallgrímur Helgason: Rokland, Stuttgart 2005

Hastrup, Kirsten: A Place Apart. An Anthropological Study of the Icelandic World, Oxford 1998

Íslendingabók, Landnámabók, hg. v. Jakob Benediktsson, Reykjavík 1986 [Íslenzk fornrit, Bd. 1]

Jón Kalman Stefánsson: Etwas von der Größe des Universums, München 2017

Jón Ólafsson: Æfisaga Jóns Ólafssonar Indíafara samin af honum sjálfum (1661), hg. v. Íslenska bókmenntafélagið, 1908/09
Koeppen, Wolfgang: Amerikafahrt, Frankfurt/Main 1962
Macfarlane, Robert: The Wild Places, London 2007
Marani, Tommasso: Leiðarvísir. Its Genre and Sources, with Particular Reference to the Description of Rome, Phil. Diss. Univ. Durham 2012
Nawrath/Thorarinsson/Laxness: Island. Impressionen einer heroischen Landschaft, Bern 1958
Nordau, Max: Zwei Monate auf Island, in: Ders.: Vom Kreml zur Alhambra, Bd. 1, Leipzig 1880
O'Brian, Patrick: Joseph Banks, London 1987
Parzinger, Hermann: Die Kinder des Prometheus, München 2014
Shakespeare, Nicholas: Chatwin, London 1999
Sigurður Nordal: Hrafnkatla, in: Die Isländersaga, hg. v. Walter Baetke, Darmstadt 1974, S. 237–247
Sundman, Per Olof: Bericht über Sámur, Zürich/Köln 1977
The Iceland Traveller. A Hundred Years of Adventure, hg. v. Alan Boucher, Reykjavík 1989
Thor Vilhjálmsson: Das Graumoos glüht, Münster 1990
Tilley, Christopher: A Phenomenology of Landscape. Places, Paths and Monuments, Oxford 1994
Trenkner, Dana: Hägars Hufe, in: mare, Heft 66, Februar 2008
Uecker, Heiko: Geschichte der altnordischen Literatur, Stuttgart 2004
Vad, Poul: Islandreise, München 1997
Wetzig, Karl-Ludwig: Jón Gerekssons Ende oder Wie Island beinahe englisch geworden wäre, in: Hansische Geschichtsblätter 114, 1996, S. 61–104
Wetzig, Karl-Ludwig: Europa erlesen: Island, Klagenfurt 1999
W. H. Auden, a tribute, hg. v. Stephen Spender, London 1974